manantial

FRANCIS MAZIÈRE

fantástica ISLA DE PASCUA

PLAZA & JANES, S. A.
EDITORES

Título original:
FANTASTIQUE ILE DE PAQUES

Traducción de
DOMINGO PRUNA

Portada de
J. B. OCHE

Virgen de Guadalupe, 21-33
Esplugas de Llobregat (Barcelona)

Printed in Spain — Impreso en España

ISBN: 84-01-46031-X — Depósito Legal: B. 15.273 - 1976

GRAFICAS GUADA, S. A. — Virgen de Guadalupe, 33
Esplugas de Llobregat (Barcelona)

A los hombres de la isla del silencio
que murieron en las olas de la evasión.

Allí donde la gran marejada del Pacífico desgarra su dicha en los espolones de lava.

Allí donde los vientos del Antártico enloquecen al encuentro de los gigantes inmóviles,

Allí, donde los ochocientos supervivientes de un mundo olvidado se mueren en silencio,

Allí, donde los pájaros ya no acuden a reposar su vuelo, se levanta la isla más aislada del mundo, a la que los hombres llaman Matakiterani —«Ojos que miran al cielo»— y que los primeros navegantes del mundo del orgullo bautizaron isla de Pascua al sordo ruido de los mosquetes.

Esa esquirla de roca surgida en la inmensidad no puede tener nombre, tan insólita y grave permanece su presencia en los mapas del mundo. La isla de los Gigantes se ha elevado en el silencio y ha muerto en el abandono. ¿Quién sabrá jamás si las olas no cubrieron, con su turbia mortaja, un mundo muy distinto que no quiso dejar sino ese frágil testimonio?

Atacada por el cáncer de las olas, la isla se muere, dejando de centinelas a los gigantes de piedra que todavía dominan la inmutable respiración de esos continentes de agua dirigidos por la luna, y cuya lengua hablan los hombres de la isla.

Como cuando estábamos en las escorias batidas por los vientos de la isla no podemos pedir ahora al lector sino avanzar duramente por ese universo turbio y grave que hemos auscultado apasionadamente, pues se trataba precisamente de los postreros latidos de un corazón.

No creemos en la arqueología de los ancianos ricachones, ni en la etnografía de los Gobiernos racistas, y sabemos que los hombres de la isla de Pascua han padecido ese abominable engaño.

El mundo de mentalidad llamada primitiva tiene la receptividad y el atavismo de los pájaros que conocen el camino de las migraciones, la ley del salto atrás y esa mente, esa percepción, están cerca de los grupos de energía en los cuales el mundo se reforma y espera.

Cuando los ingenios espaciales, siguiendo curiosamente la línea del ecuador magnético, atraviesan, de noche, el cielo de la isla, y los hombres los miran sosegadamente al cobijo de las cabañas, no penséis que sea posible acallar una lucidez muy distinta a la que se llama los Otros.

CAPÍTULO PRIMERO

HACIA «EL OMBLIGO DEL MUNDO»

El 22 de noviembre de 1962, nuestro buque abandonaba Francia para emprender ese largo periplo marítimo que había de enseñarnos el cambiante mapa de las estrellas que se columbran durante las noches interminables.

Ciento sesenta días de mar, de vida, luchando con los vientos, con la inmensidad y, también a veces, contra uno mismo.

Nuestra embarcación era un sólido queche de 16 metros de línea de flotación, 20 de eslora, 4,50 de manga y 2,40 de puntal, dotado de «Marconi»; 105 metros de velamen, palo de mesana, dos foques y un velacho, motor «Berliet-Diesel»; cuatro hombres y una mujer para aguantar y triunfar.

Éramos pobres, pero con la fuerza de todos aquellos que nos habían ayudado.

Habíamos luchado cuatro años antes de partir y aún íbamos a luchar dos años más antes de triunfar.

Nuestra meta era llegar a la isla de Pascua para llevar a cabo en ella investigaciones arqueológicas y, como culminación de la expedición, arribar a Tahití por el archipiélago de las Gambier.

Larga navegación, que debíamos llevar a cabo en su mayor parte a vela, a fin de estudiar, en relación a las corrientes y a los alisios, las posibilidades de migraciones, primeramente en el Atlántico, en el sentido África-desembocadura del Amazonas y, luego, en el Pacífico Sur.

La isla de Pascua, actualmente territorio chileno, sólo es aprovisionada una vez al año por un buque de guerra que queda fondeado, aproximadamente diez días, en la rada de Hanga-Roa.

Nuestra única posibilidad era, pues, llegar a la isla en nuestro propio barco a fin de tener libertad de trabajo, por lo que hubimos de efectuar ese viaje como si se tratara de una época muy diferente.

Nuestro periplo se resume como sigue: salida del puerto de Antibes, Gibraltar, Islas Canarias, donde queríamos establecer contacto con los documentos guanches, e islas de Cabo Verde, que nos interesaban principalmente en relación con los primeros viajes fenicios que debieron de efectuarse por la ruta extremo Sur de los alisios y en dirección a las bocas del Amazonas. Brasil, Guayana, las pequeñas Antillas, Curaçao, Panamá, la costa del Pacífico de Costa Rica, donde debíamos proseguir nuestras investigaciones, particularmente en las laderas del volcán El Baru, en las cuales habíamos de descubrir, en estratigrafía, un material importante de estatuitas testimonio de una civilización de características netamente mongoloides.

Debíamos singlar luego hacia las Galápagos pasando por la extraña isla de los Cocos.

El 3 de enero de 1963 avistamos el archipiélago y, ya noche cerrada, anclamos en la bahía de Darwin.

Era la larga noche fría tras la calma de una prolongada travesía. Repercutida por los acantilados de aquel cráter hundido en el mar, la llamada de las otarias confiere a la noche una extraña impresión de otro mundo.

Hay, además, esos miles y miles de gritos de aves marinas que anidan en el acantilado a las que la luz de nuestros faros enloquece. Con sus grandes iguanas crestudas nadando en el mar, con sus pájaros híbridos, sus otarias, sus pingüinos, sus ballenas en migración, las islas Galápagos siguen siendo el más fascinante testimonio de un mundo plutónico que sólo los animales han podido reconquistar.

Desventuradamente, no podíamos permanecer más de diez días en el archipiélago y, pese a nuestro intenso deseo de efectuar algunos sondeos arqueológicos, no había posibilidad de realizar una labor seria. Pero quedamos convencidos de que la arqueología del Pacífico descubrirá en esas islas las huellas más importantes del paso de aquellos que, viniendo de América, se evadieron a la búsqueda del sol poniente.

Habíamos quedado tanto más fascinados creyendo poder efectuar excavaciones, por cuanto informes transmitidos de Panamá nos señalaban el descubrimiento de cerámica precolombina.

Por desgracia, el 13 de enero, a las ocho y media de la mañana, debíamos levar anclas en la bahía de Elisabeth para intentar la gran y solitaria travesía hacia la isla del Ombligo del Mundo.

Entristecidos, hubimos de devolver al mar nuestros pequeños amigos pingüinos que moraban a bordo. Entristecidos, íbamos a ver desaparecer aquel archipiélago de fuego donde los animales viven el postrer gozo de la libertad.

La gran corriente de Humboldt que domina la insólita vida del archipiélago, se extiende ahora a través de nuestra ruta. El mar está muy frío y nos cruzamos a menudo con ballenas.

Durante días, íbamos a atravesar aquella inmensa corriente-río, navegando entre miles de atunes que avanzaban en emigración hacia los atolones de las lejanas Tuamotu.

La noche, en la barra, es a veces glacial, pero el mar magnífico, y nuestra embarcación, bien pegada a la mar por un viento de fuerza 6, avanza inexorablemente hacia la meta.

Diecinueve noches observando la Cruz del Sur que alumbra sobre la isla de las Estatuas. La mar, las olas, el trabajo de a bordo, las velas que hay que vigilar como los pasos de un niño, a menudo el deslumbramiento del amanecer, a veces la angustia de la noche cuando el mar se encrespa, y con tanta frecuencia ese profundo amodorramiento, insulso y estúpido, de un modo que tanto hace soñar a los enfermos de aventura, de un mundo que jamás ha sido hecho para los hombres... ¡Qué maravilloso relato podrían escribir otros sobre aquellos ciento sesenta días de mar, entreverados de duras situaciones, calma chicha, auroras sobre islas..., como este cuaderno de bitácora!:

«21 de enero, 9.45, racha de viento feroz, quitamos nueve vueltas de rollo a la vela mayor, rompemos el escotín de foque.»

El 2 de febrero por la noche, nuestro capitán nos comunica que probablemente «Te Pito No te Henua» —«El Ombligo del Mundo»— será avistado al amanecer.

Desde el punto de vista de la navegación, acabamos de efectuar una hermosa singladura a la vela, ganando con nuestras embarcaciones de treinta toneladas, desde el archipiélago de las Galápagos, la isla de Pascua en diecinueve días, pero demostrando, además, que fue posible a embarcaciones más primitivas llegar a esta isla en un lapso de tiempo concebible para pervivir en la mar.

Noche de vigilia, esa noche inolvidable en que se espera la señal de las primeras aves, cuando en el silencio del viento habitual, el pensamiento vuelve a encontrarse en su gran aventura.

Desgarradas en violentos chubascos, las primeras luces del alba iluminan los cúmulos color de púrpura y, de golpe, surge en la lluvia la alumbración pastel de la tierra más olvidada y, sin embargo, más bravíamente presente.

En las violentas rachas, perdemos de vista la sombra de esa tierra que el mar roe y domina.

Rápida, la aurora rasga las nubes color de

aves, y deja desperezarse por encima de las olas la alta silueta de la meseta de Poiké.

Acantilado inmenso de escorias y de traquita, torturada por fuego, que se alza a más de trescientos metros sobre furiosas resacas que atacan infatigablemente a las grutas submarinas.

Entre las ráfagas de lluvia, que se tornan frágiles de tan barridas por el viento enfurecido, se dibuja y se precisa, en una gran riqueza de tonalidades, la tierra de la soledad, ésa de la cual tal vez jamás sabremos bastante el milagro.

Lentamente, buscando el viento que se arremolina en los aledaños del acantilado, bordeamos la costa Sur que se precisa y extiende en toda su violencia. La isla de la soledad se rodea de la rabia feroz de las olas, ahogando la sorda llamada que viene de las cavernas que, a centenares, alumbran las escarpaduras con sus ojos de sombras.

Esta isla del centro del mundo mira con sus ojos cavernosos todas las direcciones de continentes perdidos para siempre. Pero, ¿quién sabe si la isla, por su magnetismo gravemente anormal, no perturba aún más el oleaje, al igual que enloquece la brújula de los navíos?

Cuando el sol declinante alarga suavemente los relieves de la tierra desierta, bordeamos la costa iluminada por los géiseres de las olas, tan próxima y no obstante tan indefinible.

Ni un ser humano, ni una casa; sólo grupos de caballos salvajes y hordas de carneros que parecen buscar fronteras.

Por levante, doblamos el cabo del volcán

Rano-Kao señalado por los tres islotes de los pájaros y, sencillamente, todos nosotros, en el puente, balanceados por la mar gruesa, experimentamos ese extravío y ese cansancio de los sueños turbados.

Así, vamos a echar el ancla frente a Hanga-Roa, ahí donde el viento muere.

Chozas, algunos árboles... y, después, el gran abandono de los finales de lucha.

Con ruido rápido y seco, anclamos. Veintiséis metros de fondo. La marejada es fuerte, pero discretamente, nos llega el olor de la tierra. Hay calma... La calma de los domingos y, en la isla de Pascua, es la hora de la misa. Cuando el Dios de los civilizados habrá terminado su sermón a los paganos, entonces desembarcaremos.

Medio mundo nos separa de París donde anhelamos ver el rostro de esta isla y, sin embargo, como en todas partes, sólo hallaríamos una banderita, una espaciosa iglesia, casas híbridas..., la tarjeta postal de las vacaciones fallidas, si el sol y el canto de las olas no nos devolviesen la vida.

Estamos fatigados, felices como después de la noche. Dentro de unas horas, deberemos ir, no obstante, a saludar al *Jefe Militar de la Isla de Pascua* (1), a su mujer, su segundo, el cura alemán quien de seguro hizo la guerra de 1914, y los soldados que protegen la isla contra los peligros de la educación moderna. Un pequeño

(1) En castellano en el original. *N. del T.*

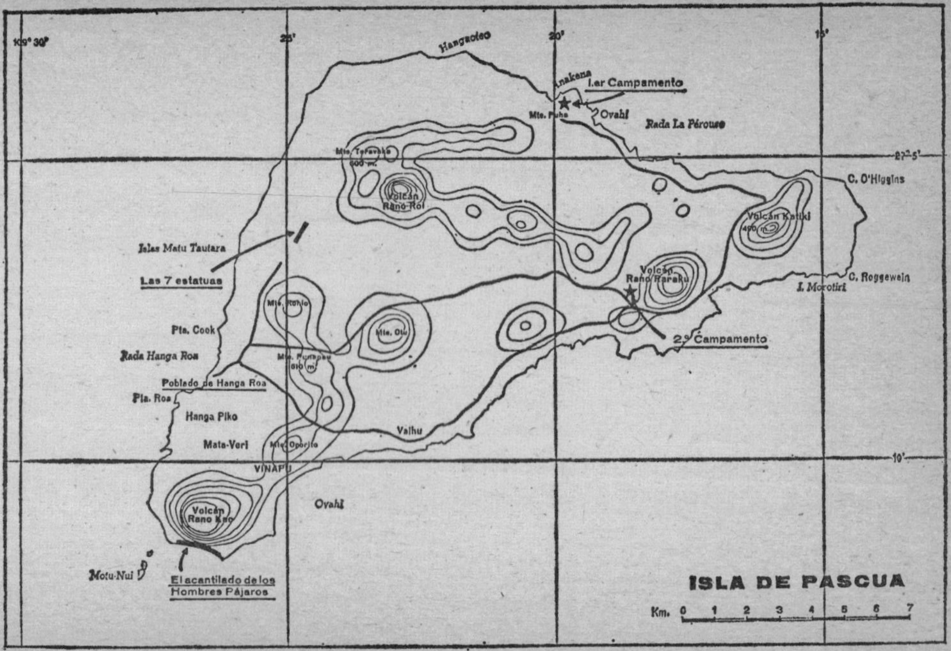
109° 30'
25'
20'
15'
27° 5'
10'
Hangaoteo
Anakena
I.er Campamento
Mte. Puha
Ovahi
Rada La Pérouse
Mte. Teravaka
600 m.
Volcán
Rano-Roi
C. O'Higgins
Volcán Katiki
C. Roggewein
I. Morotiri
Volcán
Rano Raraku
2° Campamento
Islas Matu Tautara
Las 7 estatuas
Mte. Rohio
Mte. Otu
Pta. Cook
Rada Hanga Roa
Poblado de Hanga Roa
Pta. Roa
Hanga Piko
Vaihu
Mata-Veri
Mte. Orito
VINAPU
Ovahi
Volcán
Rano Kao
Motu-Nui
El acantilado de los
Hombres Pájaros
ISLA DE PASCUA
Km. 0 1 2 3 4 5 6 7

mundo con el que se ha soñado locamente como con ese primer amor que se encuentra veinte años después y que ya no tiene el semblante del abandono.

La isla del silencio espera, pero jamás aguarda un barco.

Finalmente, dos piraguas se destacan de la orilla y vienen hacia nosotros. Esperamos, miramos a esos hombres que suben tímidamente a bordo, esos hombres que nos saludan con toda la discreción polinesia. Recibimiento delicado de esas gentes de la isla que llegan con los brazos cargados de *curios*, esperando vendernos algo, pues son muy pobres. Y luego, de repente, el delirio, una amabilidad sin límites cuando descubren que mi mujer es tahitiana, que somos franceses y que venimos para vivir varios meses en su isla.

Siguiendo el parecer de los indígenas, cambiamos de ancladero, pues la bahía es peligrosa. El tiempo es bonancible y vamos a tierra en sus piraguas que, pasadas las rompientes, penetran entre las rocas de Hanga-Piko. Paisaje espléndido, sobrio. Entre dos pasillos de lava negra, se abre una caleta donde los indígenas varan sus míseras piraguas, en torno de la cual caballos con las crines al viento pastan la escasa hierba. Aquí y allá, trozos de estatuas rotas, desfiguradas, como esos rostros que nos escrutan con asombro...

La llamada ha repercutido hasta las chozas, hasta las grutas donde viven esos llamados «pascuanos».

De todas partes vemos llegar mujeres y niños caracoleando sobre sus caballos sin silla.

Por todas partes sentimos la vida.

¡Qué bella es la isla de Pascua! Diríase una Irlanda a principios de otoño. ¡Y qué triste es la mirada de esos hombres y de esas mujeres que se saben prisioneros del horizonte!

—*Ia orana oe!*

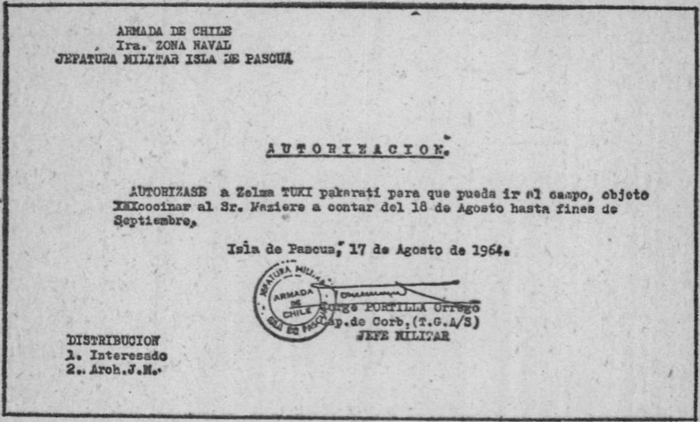

ARMADA DE CHILE
Ira. ZONA NAVAL
JEFATURA MILITAR ISLA DE PASCUA

A U T O R I Z A C I O N.

AUTORIZASE a Zelma TUKI pakarati para que pueda ir al campo, objeto XXXcocinar al Sr. Maziere a contar del 18 de Agosto hasta fines de Septiembre.

Isla de Pascua, 17 de Agosto de 1964.

Jorge PORTILLA Orrego
Cap. de Corb. (T.G.A/S)
JEFE MILITAR

DISTRIBUCION
1. Interesado
2. Arch.J.M.

Autorización obligatoria para todos los indígenas que quieren trasponer las puertas de la aldea de Hanga-Roa y dirigirse, aunque sea por unas horas, al resto de su isla.

Es el gran saludo de los polinesios. En cuanto saben que somos franceses todos quieren abrazarnos, recibirnos en su casa.

Casi toda la población está reunida ahora alrededor nuestro y me inquieta no ver ninguna autoridad chilena.

Los indígenas me explican que el jefe militar y el padre, que acaban de comulgar, están desayunando.

¡Qué importa! Tengo prisa de que mi mujer encuentre una habitación, que descanse, y acepto la primera invitación. Todos los indígenas quieren recibirnos, ofrecernos sus casas, tan miserables y tan bellas pese a su pobreza. Durante los nueve meses que vamos a permanecer en esta isla, solamente viviremos entre indígenas, y eso será maravilloso.

Apenas llegados a la casa de Esteban, se produce la avalancha de todas esas gentes adorables que quieren traernos un pequeño presente y que hacen infinitas preguntas a mi mujer sobre Tahití y sobre todas las demás islas de esa Polinesia con la que ellas sueñan, como se sueña con la libertad.

Rápidamente, gracias a las amabilidades de los habitantes, podremos organizar nuestra vida, vivienda, caballos, avituallamiento de nuestros campamentos de base y del buque a bordo del cual deberán estar constantemente de guardia dos hombres, pues, curiosa laguna, el Gobierno que ocupa esta isla no ha creído necesario construir, durante ochenta años de presencia, el más pequeño puerto.

Rápidamente deberemos visitar al gobernador, jefe militar de la isla y al reverendo Padre que se llama a sí mismo «rey de la isla».

Amable acogida..., muy amable. El gobernador, que es capitán de corbeta de la Marina chilena, nos recibe con toda cortesía, debida al aislamiento, y nos indica que nuestra llegada era esperada desde pronto hacía casi un año. Parece difícil explicar a un militar que se puedan llevar varios meses de retraso cuando se viene de Europa en un velero. El gobernador expresa su satisfacción por nuestra llegada y dice que nos ayudará con todos los medios de que dispone; no obstante, nos advierte sin demora de la especialísima situación en la que se halla la isla de Pascua.

—Ustedes saben —nos dice— que la isla de Pascua posee un estatuto particular. Aunque nuestra isla sea territorio chileno, depende únicamente de la Marina chilena que la administra... y que yo tengo el honor de representar aquí.

Acto seguido nos advierte que no debe pagarse a los nativos más caro del baremo establecido, que deberé, para cada trabajador, pedir una autorización de circulación en la isla, que durante mi estancia seré responsable de los robos de carneros que pudieran perpetrar los indígenas que trabajarán para nosotros, que deberé indicar al gobernador nuestros proyectos de trabajo, que no deberé dar vino o licores a los indígenas, que no deberé permitir que las mujeres indígenas suban a bordo de nuestro buque, que deberé dar cuenta de cualquier traslado de éste, que debo desconfiar de los indígenas, pues son ladrones y embusteros... y que, evidentemente, sería de desear que yo tome contacto con el reverendo Padre, que conoce a todo el mundo, ha bautizado a todos los habitantes y que es apasionado de la arqueología.

¡Ah! También habrá que hacer otra solicitud de autorización de excavaciones que él no ha recibido.

Como hay un barco al año, todo eso me parece muy difícil, o, más exactamente, muy poco delicado para nosotros.

—Eso aparte, de lo cual debo advertirle en tanto que gobernador, todo se solucionará, pues en el fondo todos nosotros somos latinos.

Sigue una larga conversación sobre Chile, país que yo he aprendido a querer y que, al parecer, es el único de América del Sur «enteramente blanco», donde no existen ya indios; en suma latino.

Y resulta asombroso cómo me acuerdo de los últimos indios de la Tierra del Fuego... muertos.

Nos queda una visita: ir a saludar al Padre, que debe de encontrarse aquí maravillosamente, tan cerca de Dios, lejos de los mundanales ruidos.

Un cobertizo de cemento rematado por una cruz de cemento, al pie de la cual descansa el hombre más grande de la isla, tal vez de toda Polinesia: aquel que se llamó Eugène Eyraud y que, venido de Francia, rindió su alma a Dios y su vida a esos hombres del silencio.

Eugène Eyraud, blanco, que trajo aquí su dulzura, permanece.

Contemplamos su pequeña y sencilla tumba, ahí, cara a poniente, sobre la que está inscrito el más bello y noble epitafio:

La isla de Pascua
al hermano Eugène Eyraud,
quien de obrero mecánico
se convirtió en obrero de Dios
y la conquistó
para Jesucristo.

Y esto es lo grave, un siglo después de su muerte. Un siglo echado a perder.

Nos faltaba saludar al misionero Sébastien Englert que no fue obrero mecánico.

Entramos. Un pequeño remanso de paz, esmeradamente cuidado en el desorden de los viejos solterones; una verdadera habitación de sabio para una novela de época. Con los brazos tendidos, los ojos azules, penetrantes y pequeños, el Padre nos acoge a mi mujer y a mí.

En un francés impecable, matizado con ese leve acento ácido que a veces da miedo, el Padre se acerca:

—¡Cuánto me alegro de recibirles! Quiero mucho a Francia, donde estuve dos años, en 1914. Viví en Roubaix y también en Leuven... ¿O dicen ustedes Louvain en francés?

Este tacto, este recuerdo de los viajes organizados me sorprende. Al igual que me sorprende recordar el incendio de la biblioteca de Lovaina.

—Sobre todo, Monsieur Mazière, no haga nada sin consultarme; puedo ayudarle, conozco toda la arqueología de la isla y, sobre todo, no crea usted a los indígenas, que son muy mentirosos y ladrones.

—Lo siento, Padre, no ha podido usted cambiar su mentalidad al cabo de treinta y cuatro años de apostolado.

En este pequeño territorio aislado, olvidado, prisionero, esas cosas que podrían rozar lo burlesco, son trágicas. La ley del silencio y de la coerción se ha impuesto a los polinesios, que sueñan con vivir y merecen toda la atención de aquellos para quienes el racismo es un crimen. Hasta en esta isla. demasiado aislada, poblada por polinesios perdidos, el espíritu de los *conquistadores* (1) ha dejado profundos vestigios cuyos relentes a veces son insoportables. Y, sin embargo, los supervivientes de la isla no hablan de ello, como no hablan de nada.

Y, sin embargo, la isla del Viento es muy diferente, está muy cerca, tan cerca de quienes a veces se avergüenzan de que el color de la piel sea asimilada a ciertos hombres, que nunca deberíamos respetar, pues ponen la Vida en entredicho.

Y precisamente de esto se desprende la historia de la isla de los gigantes de la cual nada sabemos y cuyas huellas buscamos desesperadamente.

(1) En castellano en el original.

CAPÍTULO II

LA TRÁGICA HISTORIA DE LA ISLA DEL SILENCIO

Trágica isla del centro del mundo cuya historia debemos reseñar brevemente antes de poder adentrarnos en su fabuloso pasado.

Aunque el filibustero Davis hubiese señalado, en 1686, una tierra en esta latitud, sólo fue en 1722 cuando Roggeween, al mando de una flota de tres navíos, descubrió esta isla que bautizó «de Pascua» en homenaje al día santo que precedió el de su descubrimiento.

El primer día, un solo habitante se arriesgó a subir a bordo y recibió presentes, lo cual decidió a gran número de otros indígenas a visitar los navíos.

Según los holandeses, se cometieron algunos hurtos.

Por la tarde, los holandeses desembarcaron una compañía y, de pronto, surgió el grito que iba a marcar la historia trágica de la isla de Pascua:

—¡Disparad, ahora es el momento!

Varios indígenas cayeron, entre ellos el primero que había subido a bordo.

Como en todas partes, la sangre iba a señalar los primeros pasos de la civilización del orgullo.

Antes de marcharse, los holandeses pudieron, sin embargo, vislumbrar los gigantes de piedra que, por lo demás, tomaron por arcilla, lo que dice bastante sobre el poco interés de aquellos hombres por todo conocimiento.

El documento de Roggeween, que pudo haber tenido la mayor importancia, es pobre en el sentido de que no sabemos si, en aquella época, ciertas estatuas estaban ya derribadas.

En 1769, el francés De Surville, de la «Compañía de Pondichery», al mando del *Saint-Jean-Baptiste*, arribó probablemente a esta isla, que señaló situada a 27° 30′ de latitud Sur.

Desgraciadamente, no hemos tenido conocimiento de documento alguno relativo a aquel viaje.

En 1770, el virrey del Perú, don Manuel Amat y de Junyent, temiendo el establecimiento de franceses en esta isla, envió un buque de guerra al mando de Felipe González de Haedo y una fragata, a fin de tomar posesión de la isla.

En solemne procesión, fueron plantadas tres cruces en los montículos de la meseta de Poiké. Un acta de posesión debidamente establecida fue refrendada por los indígenas; evidentemente, éstos no sabían escribir, pero, detalle interesante, un indígena firmó con una letra rongorongo, que configuraba un ave (1). Este detalle es importante, pues permite pensar que

(1) Carácter de la escritura ideográfica de la isla de Pascua.

en aquellas fechas la escritura de las tablillas era aún floreciente.

Uno de los oficiales escribió un relato de su estancia, del cual, desdichadamente, no he podido tener conocimiento.

En 1771 y 1772, otras dos expediciones enviadas por el virrey del Perú permitieron trazar un mapa detallado de la isla, que fue llamada de San Carlos.

Parece ser que esas últimas expediciones fueron llevadas a cabo con esmero y respeto y que los detalles obtenidos, si los poseyéramos, serían del mayor interés.

Dos años más tarde, los indígenas acogieron con grandes transportes de alegría y audacia al capitán Cook. De nuevo, a causa de los hurtos cometidos por los indígenas, habló la pólvora.

Cook señala un hecho interesante; vio numerosas estatuas en pie o derribadas, lo cual nos da ya una fecha precisa en cuanto a la decadencia del arte y de la religión en la isla.

En 1786, el conde de La Pérouse, que dirigía la expedición francesa, se detuvo veinticuatro horas en la rada de la isla. Gracias a su espíritu impregnado del refinamento del siglo XVIII, sus tratos con los indígenas fueron cordiales y, pese a numerosos latrocinios, no se disparó ningún tiro. Como buen francés, aquel hombre culto estimaba que el robo de un sombrero de marino no podía acarrear la muerte de un nativo, pero su hortelano distribuyó semillas y planteles, cabras y aves de corral.

Delicadeza del recuerdo, casi a los doscientos años de su paso los indígenas no han olvidado su nombre, que dieron a la bahía frente a la cual echó el ancla.

En 1804, visita del navío ruso *Neva*.

En 1805, los crímenes empezaron de nuevo.

El capitán del *schooner* americano *Nancy*, de New London, llegó a la isla de Pascua para requisar mano de obra para la caza de la foca. Tras infames exacciones, logró raptar a doce hombres y diez mujeres, diez desventuradas destinadas a singulares usos. Al cabo de tres días de navegación, los cautivos encadenados fueron puestos en libertad en el puente. Al instante, todos se arrojaron al agua para retornar a la isla. El capitán puso el *schooner* al pairo y arrió los botes para rescatar a los cautivos, pero en cuanto aquéllos llegaron a su proximidad, los presos se zambulleron, hurtándose de ese modo.

Por cansancio, los abandonó. Aquel asesino anotó que unos tomaron la dirección norte y otros la de la isla de Pascua. No cabe pensar sino en la muerte de aquellos desgraciados.

La advertencia estaba preñada de consecuencias para el pueblo del Ombligo del Mundo.

En 1806, a causa de aquella agresión reciente, el *break* hawaiano *Kaaku-Manu* no pudo siquiera desembarcar.

Otros buques se sucedieron en 1808 y 1809.

En 1811, nueva trágica escala del buque ballenero americano *Pindos*. Las embarcaciones enviadas a tierra tenían por objeto traer agua, legumbres frescas y mujeres. Regresaron con tantas muchachas como marineros había. Tras una noche durante la cual los marineros se mostraron a la altura de la vulgaridad, las desventuradas fueron reembarcadas y obligadas a tirarse al agua a proximidad de la orilla. Los marineros se quedaron en las embarcaciones, riéndose al ver a aquellas desgraciadas nandando con un solo brazo, y sosteniendo con el otro el infeliz presente de una noche cuyo germen de muerte habrían de guardar para siempre.

Fue entonces cuando Waden, segundo oficial, cogió su fusil y disparó contra el grupo de desventuradas.

La tripulación aplaudió al excelente tirador. No cabe sino estremecerse ante la acción de semejante asesino.

1816, paso del navío ruso *Rurick*, a bordo del cual se encontraba el gran poeta romántico alemán, de origen francés, Von Chamisso.

Ante la actitud extremadamente nerviosa de los indígenas, el almirante Otto von Kotzebue dio orden de reembarcar.

Es de lamentar que el pintor Choris, que se hallaba a bordo, no pudiese desembarcar para dejarnos algunos documentos que hubiesen sido inapreciables.

Los años pasaron, y los navíos se sucedieron.

Por extraña coincidencia, en 1862, el velero francés *Cassini*, mandado por el capitán Lejeune, hace escala y, a su regreso en Valparaíso, convence a los reverendos Padres de Picpus de que vayan a evangelizar la isla de Pascua.

Y unos meses después, ocurre el más grande drama.

El 12 de diciembre de 1862 una flotilla de seis navíos peruanos arribó a la bahía de Hangaroa. Su objetivo: capturar a los hombres para llevarlos como esclavos a las minas de guano, entonces florecientes, del litoral peruano.

Aquellos mismos barcos negreros acababan de intentar una incursión en el archipiélago de Tuamotu, pero fueron perseguidos por el barco vigía francés, que logró apresar una de las embarcaciones.

Tras haber atraído a la población exhibiendo un lote de pacotillas, el comandante Aiguire desencadenó la matanza.

Ochenta de sus bandidos, amenazando con los fusiles, cercaron a los pobres indígenas, quienes, no pudiendo resistir con sus lanzas de madera y obsidiana, fueron capturados en número de un millar aproximadamente. Entre ellos se encontraban los últimos sabios de la isla y el rey Maurata con su familia.

Todavía en nuestros días, los indígenas se acuerdan de aquella matanza y cuentan las lamentaciones de los cautivos atados como bestias, los estertores de las mujeres y niños heridos, la fuga alocada de los supervivientes hacia el Rano-kao, donde sus perseguidores les abatieron. El odio a los peruanos ha subsistido de tal modo, que, aún recientemente, un peruano que vino a visitar la isla con el barco anual chileno, se vio obligado a reembarcar ante la amenaza de la población.

Por culpa de aquel puñado de asesinos, toda la tradición oral de Matakiterani iba a desaparecer, dejando al futuro la inquietud de una investigación endeble.

Unos días más tarde, la flotilla, con su cargamento de dolores, singló hacia la islita de

Rapa a fin de repetir su hazaña. La isla se defendió valientemente y los indígenas llegaron a capturar un navío que fue conducido a Tahití, donde la tripulación fue juzgada y encarcelada por el procurador imperial Lavigerie.

Alarmado por aquellos sucesos, el Gobierno francés, acuciado por monseñor Tepano Jaussens, obispo de Tahití, pidió a Monsieur Lesseps, cónsul de Francia en Lima, que intercediese cerca del Gobierno peruano. Por su lado, Inglaterra protestó, y en Valparaíso, Eugène Eyraud, que más adelante había de ser el apóstol de los pascuanos, agitaba la opinión pública y se ofrecía a acoger a los supervivientes de los trabajos forzados.

Desgraciadamente, a causa de la lentitud de comunicaciones, cuando el Gobierno peruano ordenó la liberación de aquellos desdichados esclavos acantonados en las islas Chinchos, más del ochenta por ciento había muerto de malos tratos, privaciones o enfermedades.

El centenar de supervivientes fue repatriado trágicamente sin control sanitario y murió de viruela durante el camino.

De mil cautivos, tan sólo quince volvieron a su isla para sembrar en ella aquel germen de muerte.

Diezmada por la viruela, más de la mitad de la población superviviente de la isla murió al cabo de unos meses, transformando esta tierra en una fosa indescriptible. Diez años más tarde, durante su estancia en ella, Pierre Loti escribió: «Los senderos están repletos de osamentas, y esqueletos enteros aparecen aún tendidos en la hierba.»

De cinco mil habitantes con que contaba la isla, quedaron unos seiscientos supervivientes.

En mayo de 1863, la goleta *Favorite* repatrió a seis indígenas y condujo a la isla al hermano Eugène Eyraud.

Con un coraje y una delicadeza admirables, este hermano ganó a los desventurados supervivientes a la religión de Cristo.

Este pequeño pueblo que tanto había sufrido y que acababa de perder sus últimos testigos de la religión ancestral, abrazó rápidamente la nueva religión que, por boca del hermano Eyraud, aportaba un poco de dulzura y de bondad.

Otros misioneros se sucedieron para apoyar la labor solitaria del hermano Eyraud, que murió el 14 de agosto de 1868, tras haber bautizado a todos los moradores de la isla.

En noviembre de 1868, el navío *Topaze* acudió para llevarse, con destino al Museo Británico, la notable estatua llamada *La rompedora de olas.*

El mismo mes, el Padre Zumbohm llegó a la isla de Pascua trayendo animales domésticos y plantas aclimatables.

El mismo año, llegada del capitán Dutrou-Bornier, quien se afincó para dedicarse a la ganadería.

Llegada, en 1870 de la corbeta chilena *O. Higguins,* que viene a establecer un mapa detallado de la isla y estudiar las costumbres de los pascuanos.

Aquel año ve nuevamente caer en la anarquía la isla de Pascua. Una terrible animosidad había nacido entre Dutrou-Bornier y el hermano Roussel. Hubo tiros, chozas saqueadas, heridos y muertos. Ante aquel estado de cosas, la misión católica decidió evacuar la isla con sus nativos y partir hacia Mangareva. Parte de la población siguió al Padre, y el resto, unas trescientas personas, se dejó contratar por Brander, ex socio de Dutrou-Bornier, quien las llevó a Tahití.

A la fuerza, ciento once indígenas quedaron en la isla con Dutrou-Bornier, quien al poco tiempo fue asesinado.

En 1871, visita científica del navío ruso *Vitias*, que, ante el abandono de la isla, pone rumbo a Tahití donde encuentra a los pascuanos refugiados y recibe de monseñor Jaussen el presente de una famosa tablilla.

En 1872, llegada de la corbeta francesa *Flore*, llevando a bordo el gran escritor francés Pierre Loti, quien se interesó vivamente por las costumbres de los supervivientes.

La extraordinaria lucidez y la sensibilidad de Loti le permitieron escribir un texto de tal luminosidad, que sigue siendo para mí el más maravilloso jamás escrito sobre el Ombligo del Mundo.

Durante su paso por la isla de Pascua, Loti pudo llevarse una cabeza colosal que descansa ahora en el Museo del Hombre de París.

1875, segundo viaje del navío chileno *O. Higguins.*

1877, un francés extraordinario, Adolphe Pinart, acude a realizar estudios sobre la isla de Pascua. Como Loti, recoge numerosos objetos que serán orgullo de los museos.

Escribe un notable y muy detallado relato de su viaje.

En 1879, un semitahitiano, perteneciente a la familia real, se instala en la isla a fin de regir los bienes de Dutrou-Bornier. Llegado con un grupo de tahitianos, permaneció en la isla y supo, por su espíritu dulce y comprensivo, hacerse querer por la población, que veía en él el alma polinesia.

Introdujo en la isla el lenguaje y el amor apasionado de Tahití.

1882, paso del navío alemán *Hyaena*, llevando a bordo dos investigadores que hacen interesantes planos de las casas de Orongo y se llevan numerosos objetos para los museos alemanes.

1886; a bordo del *Mohican* llega el americano Thomson, que trabaja para el museo de Washington. Publica un libro muy documentado y se lleva, para el museo, una estatua intacta y losas de piedra policromada.

Setiembre de 1888: el comandante chileno don Policarpo Toro acude a tomar bruscamente posesión de la isla en nombre de su país, el cual, con gran desenfado, cede rápidamente la explotación de la tierra a la compañía inglesa «Williamson y Balfour».

Así, y hasta hoy, la isla de Pascua no hubo de pertenecer más a los hombres, sino a los carneros, cuya cría intensiva asoló la tierra y la escasa vegetación.

Los indígenas fueron aparcados en la aldea de Hanga-Roa, que fue circundada de alambradas en las cuales se abrían dos puertas que solamente podían ser franqueadas con autorización del jefe militar chileno. A las seis de la tarde, las puertas quedaban atrancadas y ningún hombre podía circular de noche por la isla, salvo autorización excepcional.

47.000 carneros, cerca de 1.000 caballos, 1.000 bóvidos, unos cincuenta militares chilenos, y, en 1964, ¡1.000 supervivientes pascuanos viven en la miseria más increíble y sin libertad alguna!

En 1914, las autoridades de la isla deciden que todo robo de ganado será sancionado con cincuenta días de trabajo forzado.

Estalla la revuelta, dirigida por la sacerdotisa Anata. El mismo año, seis cruceros alemanes hacen arribada con toda tranquilidad, y ello tras haber bombardeado sin motivo a la población civil de Tahití.

En 1915, una mujer extraordinaria, Miss S. Routledge, lleva a cabo una notable misión etnográfica, y sus documentos siguen siendo de una importancia capital.

A consecuencia de ello, varias misiones científicas se estacionaron en la isla de Pascua. La más notable fue la misión franco-belga, en 1934. Era dirigida por el grande y añorado sabio Alfred Métraux, quien, humanamente, no pudo por menos que escribir la siguiente comprobación que desdichadamente nosotros hemos de confirmar:

«Reina en la isla una miseria tal, que no se puede hablar de transición de un estado primitivo a nuestra civilización. La isla de Pascua, descuidada por los chilenos, o desastrosamente influida por los elementos que son enviados allí, no ha caído en la decadencia, se ha podrido sencillamente en medio de una miseria sin solución.»

Ese largo calvario sufrido por los hombres de la isla de Pascua nos ayudó, durante los duros meses de búsqueda, a comprender la delicada mentalidad de la población, a veces su miedo infantil, pero, sobre todo, nos permitió, a mi mujer, a mis compañeros y a mí, querer apasionadamente a esas gentes que nos dieron su pobre casa, su corazón y que, ante el racismo, nos aportaron la esperanza. Que los chilenos lectores de este libro sepan que no atacamos a su país que ha dado al mundo hombres como Vicente Huidobro, Pablo Neruda, Lucho Casares..., sino que les pedimos que comprendan que se trata precisamente ahí de un cierto *honor*.

Nuestra vida iba a organizarse con los indígenas. Al aceptar la hospitalidad de sus chozas, debíamos aceptar asimismo el compartirlo todo, pues, en vista de su indigencia, nos era imposible atrincherarnos en nosotros mismos. No podemos suscribir la opinión corriente de los viajeros de paso que se complacen en decir que esta desdichada población no piensa más que en robar.

¿Qué haríais vosotros, si os encontrarais en una situación semejante?

Personalmente, jamás he tenido queja de la actitud de la población, que acaso solamente peca de un defecto, el de no haber recibido educación alguna de parte de quienes asumieron la responsabilidad de la isla.

Que las autoridades de la isla que se permiten exigir una jornada de trabajo obligatorio por semana, no conceder documentos de identidad ni pasaporte a los desventurados pascuanos, prohibirles salir de la isla, vejarles en todo, no se imaginen que también nosotros, a fuerza de privaciones, hayamos aceptado la ley del silencio.

Sois culpables de la cosa más grave del mundo: no habéis respetado la dignidad y la libertad de aquellos a quien llamáis «indios», y que son los hijos de quienes nos legaron el tesoro artístico de las estatuas gigantes y que murieron de las viruelas ajenas.

Inquietáis a los indígenas, nos habéis inquietado durante nuestra labor científica y, sin embargo, no deberíais olvidar jamás, vosotros que habéis pagado vuestra independencia, que la sangre de los *conquistadores* (1) es una tara. Habéis dado a mi mujer, de la noble raza polinesia, la imagen más nefasta de lo que, nosotros, blancos, tratamos de salvar.

Al despuntar el día, el sol que enriquece la adumbración de las estatuas, y el viento que resuena en el fondo de las cavernas, nos permiten entrar libremente en ese mundo de la isla donde tantas cosas insólitas nos fueron dadas por aquellos cuya lengua hablábamos.

La mayor parte de nuestras búsquedas las debemos a mi mujer, quien, infatigablemente asomada a la vida y al soplo apenas audible

(1) En castellano en el original.

de los ancianos, recogió los textos que inquietarán a quienes indagan bajo la mirada vigilante del traductor, a quien las autoridades habrán aconsejado mucho habida cuenta de su moralidad, su patriotismo y su fidelidad religiosa.

Nuestra labor iba a ser dividida en dos partes. Mi mujer debía quedarse en Hanga-Roa, donde se halla concentrada toda la población, y efectuar sus encuestas lingüísticas y etnológicas con un máximo de eficacia. Debía, además, cuidar del aprovisionamiento, que nos debía llegar, una vez por semana, a nuestro campamento base.

Mi amigo inglés Bob Terry, tres pascuanos y yo debíamos efectuar las investigaciones sobre el conjunto de la isla, y más especialmente establecer dos campamentos base, uno durante un mes en Anakena y el otro durante cuatro meses junto a nuestras excavaciones de Rano-Raraku.

CAPÍTULO III

A LA AVENTURA DE LA TIERRA MUERTA

Contemplad el mapa de la isla; es sencilla y bella, un triángulo escaleno de lava de 24, 18 y 16 kilómetros de lados respectivamente, 19.000 hectáreas de landas devoradas por el viento y los carneros, y tres volcanes apagados que señalan en los ángulos las prominencias de la isla.

En el centro, el gran desierto del viento donde los hombres sólo vivieron esporádicamente. Todo en torno, en los desmoronamientos, las aberturas de las grutas, entre las estatuas derribadas, las plataformas de piedra, los senderos enlosados que penetran en las olas, los huertos en honduras, los petroglíficos, las casas de piedra, el olor a paso de la vida... Como en todos partes, los polinesios vivieron aquí en las proximidades del mar.

La primera certidumbre que poseemos es que la isla «Matakiterani» estuvo poblada hace aproximadamente seiscientos años por polinesios cuyo origen debemos buscar. Todos los datos arqueológicos y etnológicos concuerdan, así como los notables trabajos de Miss Routledge y de Alfred Métraux.

Esta noche, en el campamento que hemos establecido al pie del Moai (1) cuya altura midió la expedición noruega en 1956, escucharemos la palabra; allá en el otro extremo de la isla, mi mujer recogerá la misma leyenda del viejo leproso Gabriel Veriveri, único nombre que cito en este libro, pues sin pies, sin manos, con el rostro petrificado por el mal, abandonado, no arriesga sino la muerte lenta, con sus pobres ojos vueltos hacia la tierra de Hiva con la que habrá soñado toda su vida. Tus ojos empañados que mi mujer jamás olvidará cuando le hablabas del mundo llamado pagano. ¿Eres tú, verdad, quien, una noche, me hablaste, y ello me dio miedo, de esos hombres del más allá que tienen el cuerpo cruzado por venas aparentes y de que habla la tradición?

He aquí todo el problema. Veriveri, vas a morir leproso en la isla de Pascua al igual que vi morir los pigmeos olvidados. No te creerán porque tienes un color de piel que los civilizados copian con grandes gastos una vez al año; no te creerán porque no hablas el mismo lenguaje, hablas dulcemente. Veriveri, escribir es grave, pues cuando me hablabas mirabas a mis ojos y yo sabía tu verdad. Cuando, en tiempos, los iniciados de Mata Kiterani hablaban, los hombres debían escuchar en silencio. Nosotros, los blancos, escribimos *digest's* sin haber digerido lo más mínimo la historia de nuestro origen, y yo no sé de dónde vengo.

(1) Nombre pascuano que significa, estatua de piedra.

Vuestra isla tiene dos nombres extraños: Matakiterani y Te Pito No Te Henua. ¿De dónde provienen?

Mi país se llama Francia, ese otro Chile, otros EE.UU. y URSS, como direcciones telefónicas. El nombre es una luz que solamente pronuncian bien los enamorados, y sé que estás locamente enamorado de la tierra, de las olas y de las estrellas.

«En dos piraguas, el rey Hotu-Matua vino a la isla de Pascua. Desembarcó en Hanga-Roa, pero dio a esta bahía el nombre de Anakena porque era el mes de julio.» Ahora bien, extraña coincidencia, la sola posibilidad de coger vientos que conduzcan de la Polinesia a la isla de Pascua, es viajar en julio y agosto. Este detalle ínfimo es un primer punto importante relativo a la tradición. ¿Por qué aquel rey polinesio vino a refugiarse en esta tierra desierta? ¿Acaso a consecuencia de una de esas guerras intestinas de que está henchida la tierra? La tradición dice lo siguiente:

«El país del rey Hotu Matua se llamaba Maorí en el continente de Hiva. El lugar donde vivía se llamaba Marae-Rena... El rey vio que la tierra se hundía lentamente en el mar. El rey reunió entonces a sus gentes, hombres, mujeres, niños y ancianos y los repartió en dos grandes piraguas. El rey vio que el cataclismo se acercaba y, cuando sus dos embarcaciones alcanzaron el horizonte, se percató de que la tierra había desaparecido completamente, excepto una pequeña parte llamada Maorí.»

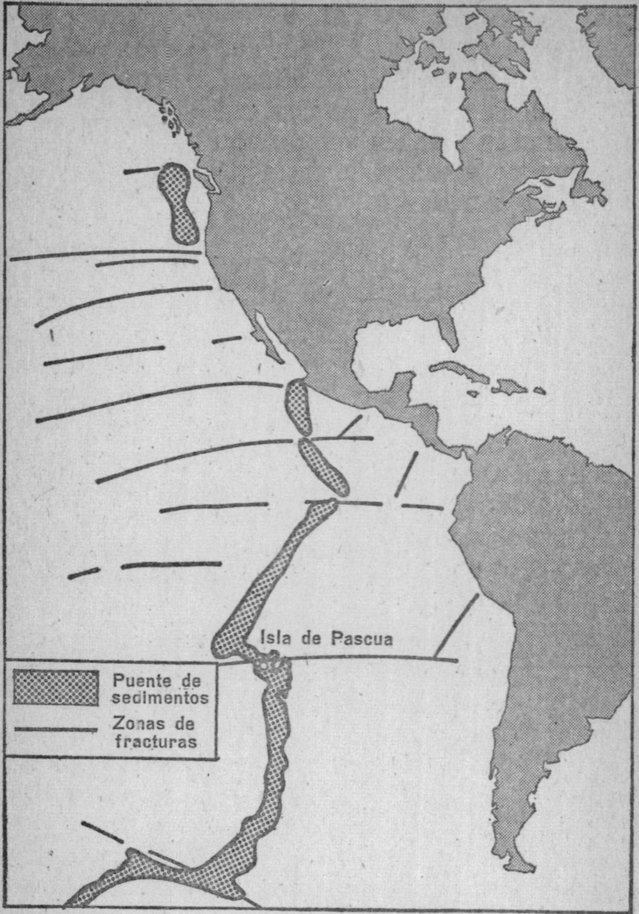

Este mapa puede explicar el cataclismo que hundió el continente de Hiva y del cual habla la tradición.

La tradición es clara; hubo un cataclismo y parece que aquel continente estaba situado en el inmenso *hinterland* que, al nordeste de la isla de Pascua, llega al archipiélago de las Tuamotu.

Otra leyenda transmitida por A'ure Auviri Porotu, último sabio de la isla, reza así:

«La tierra de la isla de Pascua era una tierra mucho más vasta, pero a causa de las faltas cometidas por sus habitantes, Uoke la hizo bascular y la quebró con una palanca...»

Ahí también hubo un cataclismo.

Más importante aún; la tradición dice que Sala y Gómez, islote situado a unas 100 millas de la isla de Pascua, formaba en otros tiempos parte de esta tierra y que su nombre, *Motu Motiro Hiva* significa: islote cercano a Hiva.

Tres indicios señalan ese cataclismo. Ahora bien, la geología admitida no reconoce la existencia de un vasto trastorno en esta parte del Globo, por lo menos durante las épocas humanas.

Y, sin embargo, dos nuevas informaciones hacen plausible esa posibilidad de un hundimiento de continente.

Cuando el submarino *Nautilus* de la U.S. Navy, realizó su vuelta al mundo, señaló en las proximidades de la isla de Pascua, la existencia de un pico submarino muy elevado y aún no identificado. Por otra parte, en el curso de los recientes trabajos efectuados por el profesor H. W. Ménard para la «Institute of Marine Resources» y la Universidad de California, aquél señala, no solamente en las proximidades de la isla de Pascua una de las más importantes zonas de fractura, por lo demás paralela a la del archipiélago de las Marquesas, sino el descubrimiento de un enorme puente o cresta de sedimentos.

La tradición, además de guardar el recuerdo de aquellos hundimientos, dice que el rey Hotu-Matua vino de poniente. Ahora bien, en la isla de Pascua existen, en la cima del Ahu A. Tiu, siete estatuas erigidas que, únicas en la isla, miran al mar y más exactamente a poniente. Su posición exacta situaría aquella zona de cataclismo como incluida entre el archipiélago de las Marquesas y el de las Gambier.

Nos parece probable que, cuando uno de esos movimientos plutónicos, todavía tan frecuentes en esa zona, cordillera de los Andes, Nuevas Hébridas, un archipiélago —no me atrevo a decir un continente— se haya hundido o modificado.

Según las conclusiones del profesor A. Métraux, parece posible, por ciertas razones, a saber la lingüística, el uso del vocablo *Hiva* y de numerosas concordancias etnológicas, que los hombres del rey Hotu-Matua emigraron de aquella zona de las Marquesas, y ello a fines de siglo XII, fundándonos en las genealogías que hemos recopilado.

Esa repoblación no excluye es absoluto la posibilidad de otros contactos en épocas muy anteriores y de los cuales volveremos a hablar.

La tradición dice que Hotu-Matua tomó la decisión de abandonar su tierra ancestral a los primeros signos de terremotos, pero que antes envió siete exploradores, todos hijos del rey, a la búsqueda de este Ombligo del Mundo cuya situación le había sido revelada por el sueño de Haumaka.

Esto nos incita a pensar que, si hubo hundimiento de continente, se produjo mucho antes, puesto que la isla de Pascua era ya solitaria en la época de Hotu-Matua, quien arribó a ella tras una larga singladura en piragua.

Resulta extraño, sin embargo, que si un cataclismo semejante se produjo, las leyendas de las islas Marquesas no hayan guardado recuerdo de él en términos precisos. Ahora bien, yo solamente tengo noción de ello por una leyenda de Mangareva.

No obstante, me parece imposible que los hombres de Hotu-Matua hayan falseado hasta tal punto la tradición.

Todo induce a creer que el cataclismo quedó limitado a ciertos archipiélagos, lo cual no excluye que, en la mentalidad de los hombres de las islas, aquél cobrase una importancia capital.

Como en toda la historia de las islas del Pacífico, el origen de la repoblación sigue siendo borroso y sujeto a múltiples interpretaciones. Es seguro que otros hombres llegaran a la isla de Pascua antes que Hotu-Matua, y de ello tenemos indicación precisa. Los siete exploradores del rey Hotu-Matua dicen que antes de partir no conocían el origen de Ngata-Vake y de Te Ohiro, que fueron los primeros en llegar a la isla de Pascua. Según las informaciones transmitidas al viejo Veriveri por Hanga A Tuakava A Oviri, «hombres muy altos, pero no gigantes, vivían en la isla mucho antes de la llegada de Hotu-Matua».

Son los únicos documentos que poseemos actualmente, pero es muy seguro que esa eventualidad no hace más que reforzar el misterio de Mata Kiterani.

Debemos seguir muy atentamente los documentos que la tradición nos ha transmitido, y conocemos la historia de los siete exploradores y la leyenda de Haumaka.

CAPÍTULO IV

LA LEYENDA DE LOS SIETE EXPLORADORES

«Un hombre llamado Hau-Maka tuvo un sueño y su espíritu se trasladó a Matakiterani. Abordó primeramente los tres islotes que se hallan al pie del volcán Rano Kào, al que él llamó "Los hijos de Te Taanga", sobrinos de Hau-Maka en Hiva.

»El espíritu de éste recorrió el cráter del volcán Rano Kao y lo llamó "El hoyo oscuro de Haumaka".

»Luego se fue a reconocer la isla, en búsqueda de una bahía donde pudiese desembarcar el rey Hotu-Matua.

»Durante su marcha hacia la meseta de Poiké, el extremo de la isla, halló plantas de *kohé* y arrancó un brote.

»Luego, tras haber recorrido todas las bahías de la isla, se detuvo en Anakena y, al ver una arena tan bella, exclamó: "Aquí está el lugar y la gran bahía donde el rey Hotu-Matua vendrá a vivir."

»Regresó después a Hiva y exclamó:

»Existe una isla, en dirección de levante, e iréis a vivir a ella con el rey Hotu-Matua.

»Siete hijos del rey, todos iniciados, partieron entonces a explorar la isla y preparar la llegada del rey. Se llamaban:

»Ira, Raparena, Ku'uku'u A'Huatava, Rinirini A'Huatava, Nonoma A'Huatava, Uure A'Huatava, Makoi Rinirini A'Huatava.

»Vinieron de Hiva en una sola embarcación y, siguiendo las indicaciones de Haumaka, bordearon los tres islotes y arribaron a Vinapu. Luego, treparon al volcán y exclamaron: "¡He aquí el hoyo oscuro de Hau-Maka!" Después se pusieron a plantar ñames que habían traído consigo. Ku'uku'u los plantó.

»Luego se dirigieron hacia la costa Este y encontraron, por el camino, la planta de *kohé* rota por los pies de Hau-Maka.

»Tras haber recorrido el acantilado de Poiké, bordearon la costa Norte, buscando una bahía que tuviese un poco de arena, a fin de que las piraguas del rey pudiesen varar en ella.

»Pero todas las bahías parecían imposibles para desembarcar. Luego fueron a pescar en Anakena. Entonces, exclamaron: "Ésta será la playa donde desembarcará el rey Hotu-Matua." No encontrando fuego, dos de los exploradores fueron a buscarlo a bordo de su piragua.

»Trajeron leña de *makoi*, hicieron lumbre, caldearon las piedras volcánicas y cocieron lo pescado.

»Mientras comían, vieron una tortuga que subía a la playa. Era una tortuga-espíritu. Cuando ésta se dio cuenta de que los siete exploradores se acercaban para capturarla, intentó volver al mar y se refugió en un roquedal de la playa llamado Hiro-Moko.

»Ira fue el primero en tratar de agarrarla, de ponerla patas arriba. Todos lo intentaron y ninguno pudo apoderarse de ella. Pidieron entonces a Ku'uku'u, el último, que lo intentase. Cuando éste trató de asirla, la tortuga le dio un violento golpetazo que le dejó como muerto. Los seis compañeros se rieron de ver a Ku'uku'u en aquel estado y le llevaron a una gruta, mientras la tortuga regresaba a Hiva.

»Ku'uku'u dijo a sus compañeros: "¡No me abandonéis!" Ellos respondieron: "Cuidaremos de ti", y se pusieron a construir seis montículos de piedras a los que dijeron: "Cuando Ku'uku'u nos llame, contestad por nosotros: ¡aquí estamos!"

»Así que se fueron hacia Hanga-Roa, dejando solo al desventurado Ku'uku'u.

»Éste llamó: "¿Estáis ahí?" y los montículos de piedra respondieron: "Aquí estamos." Llamó así varias veces y luego murió.

»Ira y Raparena estaban en las rocas de Rana-Roa contemplando las olas que rompían. Ira dijo a Raparena: "Ruhi está a la derecha, Pu a la izquierda, un collar de perlas en torno al cuello del Moai Hina Riru. Otro se halla en Te-Pei en nuestra tierra de Hiva."

»De la bahía de Hanga-Roa subieron al volcán Rano-Kau y fueron a ver las plantaciones de ñames en Orongo. Habían brotado malas hierbas. Las arrancaron, gritando: "¡Esta tierra es mala!"

»Construyeron una choza para dormir.

»Makoi dijo a Rinirini:

»"Está despierto cuando yo pida a Ira y a Raparena que repitan lo que han dicho desde las rocas de Hanga-Roa, pues deberás quedarte solo aquí, cuando nosotros regresemos a Hiva."

»Cuando la noche hubo llegado, Makoi preguntó a Ira y a Raparena:

»"De qué hablabais en Hanga-Roa?

Raparena respondió:

»¿Qué quieres saber?

»Makoi dijo:

»Porque quiero saberlo.

»Ira asintió y pregunto si Rinirini dormía. Makoi le dio un puntapié y Rinirini fingió estar dormido.

»Entonces Ira dijo:

»"Ruhi a la derecha, Pu a la izquierda, un collar de perlas en torno al cuello de Maoi Hinariru."

»Rinirini oyó y se alegró, pues podría hurtar una perla y mostrarla a aquellos que vendrían a vivir con él en esta isla.»

De esta extraordinaria leyenda, varios detalles son notables. Además de que aquellos siete exploradores trajeron fuego y leña de *makoi* en su piragua, cuatro hechos me parecen importantes:

1.° Aquellos hombres tenían noción, en su patria de Hiva, de la construcción de estatuas de piedra.

«Un collar de perlas en torno al cuello» nos da una valiosa indicación, pues las perlas no se encuentran sino en las albuferas del Taumotu o del archipiélago de las Gambier.

2.° Cinco de aquellos hombres retornaron a Hiva.

3.° Trajeron ñame.

4.° Sabemos, asimismo, por la precisión de

los lugares, que no he transcrito aquí en su totalidad, que la isla de Pascua tenía la misma topografía que actualmente.

Además, la narración nos confirma la pobreza de la vegetación entonces existente.

CAPÍTULO V

LA LLEGADA DEL REY HOTU-MATUA

Estamos asimismo muy bien informados acerca de la llegada y el afincamiento del rey Hotu-Matua. La leyenda dice:

«Un día, las dos embarcaciones del rey Hotu-Matua avistaron los tres islotes llamados Motu Iti, Motu Nui y Motu Kaokao.

»Rinirini, que se había quedado solo en la isla y que vigilaba en Orongo, las percibió, y a la llamada del rey que exclamó: "¿Cómo es la tierra?" —contestó—: "Es una mala tierra, malas hierbas cubren los ñames."

»Entonces el rey exclamó:

»"Nuestra tierra también es mala, también hay miseria en ella, la marea alta lo destruirá todo."

»Luego las dos embarcaciones se separaron, la de Hotu-Matua rodeó la isla por el Este, la de la reina Ava-Reipua por el Oeste. Se encontraron a la entrada de la bahía de Anakena, y cada una de las piraguas se dirigió hacia los dos puntos rocosos que la limitan.

»El rey se dirigió a la punta Hiro-Moko y la

reina abordó la punta llamada Hanga Ohiro.

»En cuanto hubo desembarcado, la reina dio a luz una hija, en tanto que en la piragua de Hotu-Matua nacía un hijo de Vakai.»

En los aledaños inmediatos de la bahía se hallan grutas secas y un manantial de agua, lo cual había de hacer posible la vida de aquel tropel que no rebasaba los doscientos individuos, habida cuenta de que las piraguas tenían aproximadamente treinta metros de eslora. Inmediatamente se desembarcaron plantas y animales. Conocemos sus variedades: *taros*, ñames, bananas, caña de azúcar, como asimismo cocoteros, planteles de sándalo y probablemente de árbol del pan. Solamente ratones y gallinas sobrevivieron al viaje, pero parece ser que los emigrantes transportaron también cerdos. Es seguro que todo esto sigue una cierta lógica, y que los siete exploradores habían preparado el terreno y las plantaciones, permitiendo así a los emigrantes sobrevivir.

Es necesario imaginar aquella población llegando extenuada tras su extraordinaria singladura, «habiendo abandonado un país de árboles y de calor», dice la tradición, y descubriendo esta tierra desierta, batida por el viento frío.

Para aquellos polinesios, dos elementos esenciales iban a desaparecer: el cocotero y el árbol de pan, base esencial de su alimentación. En estas latitudes, ambos árboles no pueden fructificar y, efectivamente, solamente dos cocoteros han sobrevivido, aunque híbridos. Tan sólo los platanales resistirían al resguardo de los huertos en hondonadas de las que volveremos a hablar.

Si la mayor parte de la isla no es más que un enorme conglomerado de lavas abotagadas, la escasa tierra que recubre esa costra es de excelente calidad y los vegetales, como el *kumara* (boniato), actual alimento básico, hallan en ella un terreno abonado. Las plantaciones se hacían mediante estacas llamadas, según su tamaño, *akauve* u *oka,* que servían para abrir hoyos más o menos profundos.

La gran dificultad para la isla es poder obtener y mantener árboles; en efecto, la profundidad de la tierra vegetal no rebasa los 40 ó 50 centímetros y las raíces de aquéllos deben insinuarse casi horizontalmente.

Dada la violencia de los vientos, los árboles debían ser protegidos por una tapia de piedras, y se encuentran frecuentemente esos *manavai* circulares de 3 a 5 metros, que se construían cerca de las viviendas.

En estos abrigos que recuerdan los muros de protección de Irlanda, crecían las variedades de árboles siguientes, todos o casi todos desaparecidos ya: el *toro miro,* notable madera que servía sobre todo para esculpir, el *hauhau,* cuya fibra servía para trenzar cordajes y redes de pesca, el *mahute,* cuya corteza se utilizaba para confeccionar el tejido que en Polinesia llamamos *tapa,* el *marikuru,* con cuyos frutos se hacían collares, y el *naunau,* cuyo fruto fue, durante las carestías, la alimentación básica de los habitantes. Con esta madera, los pascuanos elaboraban perfumes, y los niños utilizaban las nueces para hacer trompos.

Por último, el *makoi* es una madera de grano muy bonito que servía para esculpir. De este árbol, como del *mahute*, no quedan más que algunos míseros ejemplares.

Todos los primeros navegantes observaron la perfecta ordenación de las plantaciones, y Mecklemburg (1) escribió cuando el descubrimiento: «Todo estaba plantado, sembrado y labrado, los bancales estaban separados unos de otros con mucha exactitud y los límites tirados a cordel.»

En aquella tierra sin fauna, la agricultura debía ocupar inmediatamente un lugar capital, y es muy seguro que el primer cuidado de Hotu-Matua fue repartir la tierra y limitarla con toda exactitud mediante torrecitas de piedras que aún se encuentran por doquier en la isla.

Los hombres de Hotu-Matua tuvieron que rivalizar en trabajo y coraje para habilitar este duro país y acostumbrarse a él. Es posible que la vivienda primitiva fueran esas grutas que motean el suelo, y ello antes de la construcción de chozas-embarcaciones, cuyos basamentos de piedra aún se encuentran y que son una maravilla de adaptación a los fuertes vientos.

(1) Cronista de a bordo de la expedición del almirante Roggeween.

CAPÍTULO VI

PEREGRINACIÓN EN EL TIEMPO

Y ahí, esta noche, al pie de la playa rosa de Anakena, comenzamos nuestra larga peregrinación en busca del pasado de grandeza de lo que fue el Ombligo del Mundo.

Cada día, en cuanto nuestra tropa de caballos abandona la playa después del baño matinal, entramos en los dominios del silencio. En todas partes está el testimonio de ese pasado muerto. Siluetas de chozas dibujadas sobre el suelo en las que se insertan, intactas, las maravillosas piedras labradas sobre las que se afianzaba la armazón.

Ante la minúscula entrada de esas chozas en forma de embarcación volcada, se hinca, perfecto, un enlosado de piedras en forma de media luna que en otros tiempos servía de solado de reposo.

¿De dónde proceden esas chozas? ¿Acaso es el recuerdo de las primeras piraguas volcadas sobre la tierra inhóspita? ¿Acaso la supervivencia de una técnica ancestral que se encuentra en las islas Marquesas?

¿De dónde procede ese mundo primitivo y

tan refinado que, a la sombra de esas chozas cubiertas de *totora* (1) trenzado y de hierba segada, inventó la gran escultura del silencio?

Lo buscamos por doquier, en esos pasillos de grutas, sobre esos pavimentos de cavernas sembrados de esquirlas de obsidiana y de restos de alimentos; lo buscamos en las laderas de los volcanes sobre las que se elevan, como tumbas, huellas ancestrales de culturas de las que nada queda. Lo buscamos en los acantilados casi inaccesibles por lo erosionados que están y en los cuales, sin embargo, se refugiaron los hombres en grutas abiertas al sol.

Este Ombligo del Mundo aparece a veces como el refugio fascinante de los diablos, cuyas huellas oscuras están aquí grabadas en todas partes. Cada día exploramos una docena de grutas.

Hay centenares de ellas en la isla.

En las galerías, nuestras lámparas descubren los rostros de Make-Make, de Akuaku. Algunos tienen aún rastros de esa maravillosa pintura roja fuego con el que las mujeres se adornaban la cara.

Lo inquietante, aquí, son esas huellas escasas y de una extraña violencia. Matakiterani no ha muerto, ha sido cegada por la brillantez de mil soles, por unos conocimientos excesivos y que nuestra lógica dista mucho de vislumbrar.

Hay aquí «el ombligo de un conocimiento» muy grave, y el ombligo no es el origen sino la resultante.

Sabemos, o más bien sentimos, con fuerza

(1) Variedad de junco que crece en los cráteres de los volcanes de la isla.

terrible, las fronteras de toma de consciencia que nos es y será imposible trasponer durante estos meses de espera.

Tal vez hubo ahí los choques más violentos, secuela de las conexiones de un entendimiento tan diferente. A menudo, cuando por la noche miramos el cielo con mis amigos indígenas, se pronuncia el nombre de Uré Ti'oti' o Moana, lo cual quiere decir los aerolitos.

Hay tres aquí profundamente hincados en la tierra de la isla, y los indígenas saben de su caída.

Hace apenas diez años, cayó el último en el horizonte de la isla y el mar se hinchó, asolando la playa de Anakena.

La trayectoria en el cielo fue larga, así lo cuentan aquí, y hasta dicen esta extraña leyenda, la de Rani Topa, el cielo caído:

«En tiempos de Rokoroko He Tau el cielo cayó.»

Cayó de allá arriba sobre la tierra.

Los hombres exclamaron: «El cielo cayó en tiempos del rey Rokoroko He Tau.»

Prendió, aguardó una hora determinada, el cielo se volvió, se fue y se quedó allá arriba.

Otra vez Tonga-Riki se dio un nombre: Rani-Topa.

Estas leyendas a veces son demasiado graves, y por eso uno no se atreve a escribirlas.

«Prendió, aguardó, se fue y se quedó allá arriba.»

Tal vez esas estatuas del volcán, de Matakiterani, «ojos que miran al cielo», fueron esculpidas para otear el enloquecimiento de esas noches de estrellas algunas de las cuales sueltan esos corpúsculos de brillantes.

Y los ojos de esas figuras del dios Make-Make, esos ojos desmesuradamente agrandados, ¿serán acaso los ojos de los hombres refugiados en las grutas? ¿Por qué rechazar estas preguntas, tras dos siglos de una arqueología sin solución, sobre el jirón de tierra? Viviremos cuatro meses a la sombra de las estatuas, y haremos con ellas un viaje muy distinto al de medirlas. Esas estatuas las descubrimos cada día..., las *Otras,* de un estilo diferente y que, con la espalda vuelta al mar, dominan las *Ahu,* esas grandes plataformas de piedra, que contemplan la vida de las aldeas. Éstas, sólo éstas, tienen los ojos abiertos, pues estaban encarnadas sobre las tumbas donde reposaban los muertos.

Sólo ahí, tras el traslado de las canteras, los ojos eran abiertos por los escultores: esos *moai* encarnaban una realidad, y entonces recibían los grandes cilindros de toba roja que cubrían su pesado cráneo.

Alfred Métraux opina que esos cilindros, llamados *pukao,* representaban el tocado de los muertos que coronaba un pequeño moño a veces blanco imitando el tocado, pero que tal vez simbolizaba, asimismo, como en otras partes, esa ligera excrecencia por la que los iniciados de Asia y de África creen que se capta el conocimiento y que nosotros llamamos fontanela.

Todas esas estatuas han caído de bruces en el suelo y los moños del conocimiento han rodado muy lejos, dejando al descubierto los cráneos aplastados y calvos.

En su caída, han abierto las tumbas de piedra donde reposan, en la blancura del tiempo,

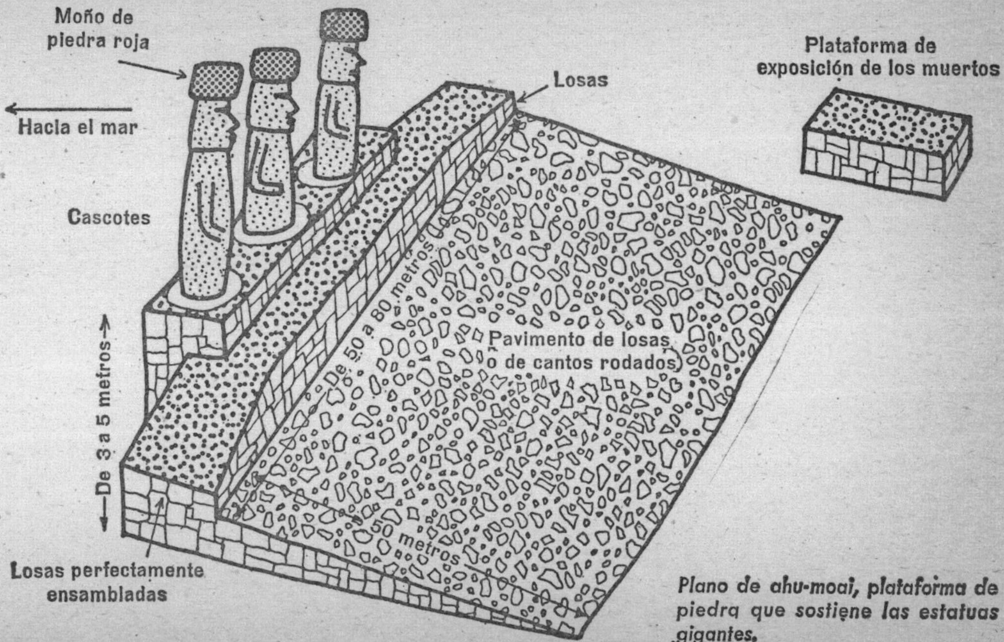

Plano de ahu-moai, plataforma de piedra que sostiene las estatuas gigantes.

los huesos de aquellos que fueron los Ariki, los reyes de un pequeño mundo en el que los hombres daban a luz gigantes.

.Todo en torno de la isla, casi siempre lindantes con el mar, se levantan esas plataformas de piedra llamadas *ahu*, unas sin estatuas, otras de diferentes clases, en todos los estadios de fabricación. La isla cuenta aproximadamente con 240 de ellas, lo cual es fabuloso.

Las más humildes son esos *Ahu sin Moai*, las del período decadente, las del final de este Ombligo del Mundo, cuando la guerra de superpoblación y las enfermedades destruyeron la labor de los iniciados.

Hace ya mucho tiempo, la cantera de los gigantes no había vuelto a oír el canto de los talladores de piedras.

Las hay de todas clases, semipiramidales en las que el bello plano inclinado se pierde en la forma; en general son pequeñas, rectangulares, un poco más altas, con sus cámaras funerarias ocultas bajo cascotes, y luego las llamadas *Ahu-Poepoe*, extrañas, como estrechas rampas de lanzamiento. dominando el mar.

Son de un arte muy diferente; acaso habrían renovado esa necrópolis, pero fueron las últimas, las siete últimas, antes de la exterminación peruana. Además, hay las otras, grandes como las estatuas que las dominan. Existen aproximadamente cien, una quincena de las cuales son maravillosas y tres inolvidables, como si guardasen esos tres puntos del triángulo de la isla. (1)

(1) Véase el croquis de la pág. 173.

Sus nombres quedan grabados, maravillosamente, como la llamada del pasado: *Ahu Vinapu, Ahu Hekii,* en la bahía de La Pérouse, y *Ahu Tongariki,* ahí justo al pie del volcán-cantera Ranoraraku.

Para dar una idea aproximada del conjunto, situaremos así las proporciones: una fachada de piedra alzada y perfectamente ensamblada, de unos 80 metros de longitud por 3 de altura, y la fachada siempre de cara al mar. Entre esa línea de piedras alzadas y la que corre paralela a ella, formando así una especie de estrado de 3 metros aproximadamente de anchura sea de piedras aglomeradas, sea de cascotes, se descubren las cámaras mortuorias llamadas *avana.* Encima, losas muy bellas de dos a tres metros de circunferencia, sobre las cuales descansaban las estatuas de los *Moai.* Detrás de esa muralla, cara al interior de la isla, un patio ligeramente inclinado y preciosamente pavimentado con piedras, sea pulimentadas, sea labradas.

Dos alas paralelas y, algo apartada, una construcción rectangular de grava y guijarros sostenida por losas de piedra. Ahí es donde los cadáveres quedaban expuestos hasta su completa desecación; los huesos eran recuperados después y colocados, con los cráneos, en las fosas funerarias del *Ahu.* Todo esto es típicamente polinesio, aunque respecto a los dos *Ahu-Vinapu* y *Tonga Riki,* la arquitectura tan fina y tan especial pueda dar lugar a ciertas hipótesis que nos negamos a rechazar. Es cierto que el *Ahu Vinapu* representa un traumatismo en la arquitectura polinesia. Conocemos perfectamente las piedras y las losas de coral labradas y erigidas que constituyen el esplendor de las *marae* de las islas Marquesas y de Raiatea, pero no podemos dejar de comprobar lo insólito de esa arquitectura de *Vinapu* que revela criterios muy precisos de construcción preincaica. Ante semejantes apariencias no se pueden rechazar ciertas hipótesis, y, sin duda, la estatua de toba roja hallada en el patio del *Ahu* por la expedición noruega de 1956, da mucho que pensar.

No debemos soslayar ninguna fuente de controversia.

Personalmente, no considero esa estatua como puramente polinesia, y ahí reside todo el problema. Lo mismo sucede con una estatuita de basalto que encontramos en una caverna secreta de Hotu-Iti.

Los indicios son endebles, pero no pueden dejarse de lado. Y aunque ciertas opiniones refuten el punto de vista de Heyerdall, no podemos negarlo todo *a priori*, en la medida, sobre todo, con que el gran sabio Paul Rivet sostuvo la tesis de un contacto polinesio-sudamericano. Ahí radica, tal vez, el gran problema de la isla de Pascua. A saber si ese vínculo, de un contacto más extraordinario aún, dio su nombre de *Te pito no te Henua* a esta isla (1). ¿Por qué no?

(1) Cerca de Tihuanaco se halla un paraje llamado el Ombligo del Mundo.

Acabamos de hablar extensamente de la historia de Hotu-Matua porque las pruebas están ahí, tangibles, pero antes de Hotu-Matua creemos saber que existieron otros hombres.

Toda la leyenda de la isla de Pascua aparece confusa por el hecho de que coexistieron dos razas, los Hanau Momoko y los Hanau Eepe, que han sido llamados «los hombres de orejas largas». No creemos en esta interpretación que muchos autores aceptan. Hay una confusión fonética. En realidad, los indígenas dicen todavía *eepe* y no *epe,* lo cual quiere decir exactamente «corpulentos», «hombres fuertes».

Ciertamente, el término Hanau Momoko, traducido por «hombres débiles» o debilitados, y la traducción de Hanau Eepe por «hombres fuertes» parecen más plausibles.

Todo esto pone en evidencia la presencia de dos razas diferentes. Y, sin embargo, todos los autores citan los testimonios de los primeros navegantes. El cronista de Roggeween escribe:

«Algunos tenían las orejas que les pendían hasta los hombros, y había quien llevaba en ellas dos bolas blancas como señal de gran ornato.»

Éstas son cosas seguramente justas y naturales, pues si aquellos indígenas procedían de las islas Marquesas, esa costumbre era entonces corriente.

Ello ocurría en 1722, y el cronista añade:

«Algunos de los habitantes servían a los ídolos más frecuentemente y con más devoción y celo, lo cual nos hace creer que eran sacerdotes, tanto más cuanto que se veía en ellos signos distintos, no solamente grandes bolas pendientes de sus orejas, sino que también llevaban la cabeza rapada.»

Sí, hubo en la isla de Pascua *Hanau Momoko* y «Hanau-Eepe» llegados, según la tradición, en tiempos del rey Tu'uko' Iho, quien, según ciertas aseveraciones, reinó poco después de la muerte de Hotu-Matua, adquiriendo así una personalidad regia que no tenía de origen.

Y ambas razas cohabitaron, mezclaron su sangre, erigieron los *ahu* y finalmente sumieron la isla en la guerra civil, la guerra de las dos confederaciones de la que la isla había de morir.

La tradición menciona que Tuu Maheke, sucesor de Hotu-Matua, regresó a Hiva. Quedaron establecidos los contactos entre la Polinesia oriental y la isla de Pascua, y no es imposible que la segunda oleada de migraciones de los orejas-largas estuviese compuesta simplemente por los sucesores de gentes de Hotu-Matua, sin olvidar, por lo demás, la mezcla de sangre melanoide y polinesia que se efectuó anteriormente en el archipiélago de las islas Marquesas.

Probablemente los Hanau-Eepe abandonaron los territorios de Hiva a resultas de una guerra, pues la leyenda dice que llegaron sin mujeres; de ahí la mezcla de sangres que se efectuó en la isla de Pascua, lo que no permite ahora llevar a cabo un estudio serio respecto a la antropología.

Cabe preguntarse si el *Ahu* de Vinapu es el testigo y el modelo básico de un arte trascendido a la isla de Pascua por contactos anteriores habidos con las polinesias.

Al margen de la pureza de la arquitectura

del *Ahu-Vinapu,* una cosa llama la atención: las losas de fachada son ligeramente convexas y, que yo sepa, no existe ejemplo semejante en Polinesia.

Un solo informador me ha hablado muy curiosamente de los *Hanu Eepe.* No sé si su información es digna de crédito, pero, dada su importancia, no puede omitirla.

Dice:

«Los primeros habitantes de la isla son supervivientes de la primera raza del mundo. De color amarillo, muy altos, de brazos largos, tórax poderoso, enormes orejas pero sin lóbulo relajado, pelo rubio puro, cuerpo lampiño y brillante. No conocen el fuego. Esa raza existía antaño en otras dos islas de la Polinesia. Vinieron en barco de una tierra situada detrás de América.»

¿Qué cabe pensar de un texto semejante que trastorna la calma de una pacienzuda investigación y que nos obligó a veces a modificar nuestra actitud escolástica?

—Con excepción del misionero católico Sébastien Englert, quien escribió un esmerado libro sobre la tradición de la isla, no sé de ninguna expedición que haya permanecido en la isla con perfecto conocimiento de la lengua autóctona.

Sólo mi mujer hablaba corrientemente la lengua de los antiguos pascuanos. ¿Cómo queréis que un indígena os revele en un chileno chapurrado ciertas tradiciones que requieren días de respeto y de amistad para ser descubiertas?

Seguramente estamos en un error, ante la

ciencia de la comodidad. Seguramente tenemos razón ante la honestidad de no rechazar ninguna fuente de información, recibida del corazón y de la amistad de los indígenas.

Pues bien, cuando el doctor Paul Rivet, director del Museo del Hombre, emitió su tesis de contactos Polinesia-América, hubo debate, evidentemente, pero la exactitud y la inteligencia de sus palabras exigen que, antes de entrar en nuestra propia aventura de la isla, examinemos los argumentos que él avanzó.

Arranca, de una parte, de las marcadas correspondencias entre las lenguas de Polinesia y de la Tierra del Fuego, y los aymarás del Ecuador y del antiguo Perú de otra; numerosas expresiones son idénticas. Una serie de elementos pertenecientes a la cultura es común de esos pueblos. División de la sociedad en castas, reunión de los poderes temporales y espirituales, uso de una lengua de ceremonia diferente de la lengua vulgar, similitud de los adornos de plumas, división de la propiedad, sacrificios humanos y antropofagia...

Según escribe Pierre Honore:

«Aquellos *urus*, primeros habitantes dolicocéfalos de América del Sur, hablaban la lengua de los arawak y edificaron sus chozas en las ensenadas y las islas del gran lago. Habitaban una extensión comprendida entre las primeras estribaciones andinas y el Pacífico. Sus barcas de juncos, que, según los especialistas, vinieron de la región amazónica, son idénticas a las que nos muestran las esculturas de la isla de Pascua...

»Comparar la misteriosa escritura de la isla

de Pascua con las escrituras indias y del Pacífico no es tan paradójico como pudiera creerse a primera vista.»

Alfred Métraux señala: «El sistema pictográfico de los indios cuna de Panamá contiene toda una serie de símbolos idénticos a los de la isla de Pascua.» Y sin embargo, nosotros no hemos efectuado ningún estudio serio respecto a esta similitud.

En la isla de Pascua se encuentran indicios por doquier. Hemos descubierto cráneos de dolicocéfalos entre cráneos braquicéfalos.

Hay, además, la asombrosa leyenda captada en 1912 por Eugène Caillot, cuyas fuentes he buscado después de haber descubierto, en el diccionario mangareviano, establecido en 1860 por los primeros misioneros, la nota siguiente:

«Anua-Motua, padre de Teagitgi, vino de las islas Hawai y se fue a la isla de Pascua (Matakiterani), tras haber dejado numerosos hijos en Mangareva nacidos de su mujer Kautia. Murió en la isla de Pascua. Sus hijos Puniga y Marokura y, durante un tiempo, Teagiagi, habitaron esta isla desierta que él les legó...»

CAPÍTULO VII

EL FABULOSO VIAJE DEL REY ANUA-MOTUA

«Durante el reinado de Taratahi, un jefe de Avahiki llamado Anua Motua vino de aquel país, con su familia y sus guerreros, a establecerse en el archipiélago de Mangareva. Arribó en una sola balsa y primero acostó en Taravai, en un paraje llamado Agakono; la choza que él y su familia habitaron se llamaba Popi. Permaneció bastante tiempo en Taravai y después fue a afincarse en Gatavake (Mangareva) en un lugar llamado Teauragi, centro principal de aquel distrito, donde había en aquella época, la mayor parte de chozas construidas.»

Su familia era muy numerosa.

Aquello acabó por inquietar al rey de Mangareva, Taratahi. Éste, al ver que la familia de Anua aumentaba cada vez más y adquiría una creciente importancia debido a sus alianzas con otros jefes del archipiélago, resolvió primeramente declararle la guerra para aniquilarle u obligarle a irse. Pero, tras larga reflexión, se dijo:

«Anua Motua es un hombre muy superior a mí; si combato con él, así como con sus guerreros, seré derrotado y habré hecho perecer inútilmente a muchos súbditos míos; vale, más, pues, que me vaya voluntariamente con toda mi gente.»

Y, en efecto, embarcó inmediatamente con los suyos en balsas y abandonó, sin esperanza de retorno, el archipiélago de las islas Mangareva. Por lo demás, Anua Motua había hecho cundir el rumor, poco antes de su partida, de que si Taratahi no abandonaba para siempre Mangareva le aplastaría, así como a su pueblo. El infortunado monarca tomó, pues, el partido más prudente, ya que no el más bravo.

Una vez ausente Taratahi. Anua Motua se proclamó rey de Mangareva.

Una verdadera sumisión, que ya era muy importante, acrecentó aún más su poder. El *aretoa* (1) Kipo, que en aquellos tiempos, estaba al frente de los guerreros de Taku, sabedor de lo que Anua-Motua había hecho a Taratahi, y no queriendo correr la misma suerte que éste, acudió, al frente de sus guerreros, a reconocer como soberano a Anua Motua. Lo mismo sucedió con los demás jefes y sus gentes en todos los otros centros del archipiélago: también se declararon súbditos de Anua Motua, con lo cual las diferentes islas no conocieron, en realidad, más que un solo amo.

Desde entonces, Anua Motua fue rey del archipiélago de las Mangareva. Desembarazado de sus rivales, reinó pacíficamente durante cer-

(1) Título que en Mangareva se daba a los guerreros que se habían distinguido, de una forma u otra, de sus compañeros de armas en los combates; significaba valeroso, fuerte, robusto, y equivalía aproximadamente al de héroe.

ca de quince años en el archipiélago. Al cabo de este tiempo, fue presa de nuevo de la nostalgia de los viajes.

Anhelaba realizar uno grande, en el Sur. Por lo demás, la penuria existente entonces entre la población, que era ya demasiado numerosa, le animaba a ello: muy densa ya cuando su llegada al archipiélago, no había cesado de aumentar continuamente. Aquel año reinaba un hambre espantosa; casi no había comida para los habitantes. Un día, el hijo de Anua Motua, Teagiagi, a quien había nombrado gran sacerdote, dijo al rey: «Padre, hiciste mal con echar a Taratahi de sus tierras; ya ves que ahora nos encontramos en la miseria; vayamos en busca de Taratahi.»

Aquella idea de su hijo adorado, unida a su deseo de correr nuevas aventuras, decidió definitivamente a Anua Motua a partir, pese a que ya no era joven. En consecuencia, mandó construir dos grandes balsas, en las cuales embarcó con parte de su familia y de sus gentes, mil quinientas personas en total; luego, tras haber proclamado rey de Mangareva a su nieto Rikitea y nombrado a uno de sus hijos, Hoi, rey de Taku, abandonó la isla de Mangareva y emprendió la ruta del Sudeste. Se cuenta que en el momento en que fue perdido de vista, hubo un terremoto en Mangareva: los indígenas que se quedaron en las islas creyeron que Anua Motua se iba a la morada de los dioses.

La primera isla a la que se dirigió la expedición de Anua Motua fue la Oeno (1). Él y

(1) Llamada, también, Teauotaneoi por los antiguos indígenas.

sus gentes no tardaron en percatarse de que era inhabitable.

Reembarcaron inmediatamente y acostaron la isla Eiragi (1) que, como la otra, estaba desierta en aquella época.

Anua Motua decidió poblarla. Hizo reina de ella a su hija Tuatutea, casada con Tiniraueriki, dejándoles como súbditos algunos guerreros y mujeres. Después, se hizo de nuevo a la mar y llegó ante una tierra elevada, semejante a la de Makatea, la isla de Puapuamuku (2), que también estaba deshabitada. Aquí, dice una tradición mangareviana, Anua Motua dejó como reina a su hija Pigahere con muchas gentes de la expedición. No obstante, según otra tradición de Mangareva, Anua Motua quiso primero dejar a su hija y una poca gente en Puapuamuku, pero, no viendo vegetación alguna en la isla, ni agua dulce, temió que su hija y sus gentes se muriesen de hambre, y entonces reembarcaron todos, prosiguiendo viaje. Sea como fuere, Anua Motua y la mayor parte de emigrantes no se quedaron en ella y continuaron su expedición marítima. Abordaron en Kooa (3), donde no permanecieron mucho tiempo por no ofrecerles la isla ningún recurso. Luego, se dirigieron hacia la isla Matakiterani o Kairagi (4), meta principal de su viaje.

(1) Pitcairn.

(2) Isla Elisabeth, actualmente, al parecer, o los antiguos mangaverianos, le dieron durante algún tiempo el nombre de Kairagi.

(3) Isla Ducie, que los antiguos mangaverianos llamaban también Tekava.

(4) La isla de Pascua, que otros maoríes llamaron también *Rapa-nui* y *Te pito te henua.*

La travesía fue larga; pasaban los días y nunca se avistaba tierra alguna. Las gentes de ambas balsas estaban empavorecidas. Tan sólo Anua Motua no lo estaba, como tampoco sus hijos, que tenían confianza en él; sabían que su padre había recorrido el mundo y que, por consiguiente, había de conocer la ruta que conducía a la isla. Anua Motua y sus tres hijos, Teagiagi, Puniga y Marokura, se hallaban en la misma balsa, que gobernaban estos últimos. Mientras tanto, al prolongarse desmesuradamente la travesía, el gran sacerdote Teagiagi acabó presa de inquietud por la duración del viaje. No se atrevía, sin embargo, a decirle nada a su padre, al lado del cual estaba habitualmente en un extremo de la balsa. Pero una mañana, muy temprano, trepó al punto más alto de la balsa, y, ¡oh sorpresa! vio en el horizonte una gran mancha negra que no era sino una gran tierra, vista de lejos. Descendió en seguida para avisar a su padre quien, seguido por sus hijos, acudió acto seguido, con la cabeza cubierta por un saco llamado *tupata* (1), para ver a su vez lo que se avistaba a cierta distancia. Anua Motua tenía frío; todo el mundo tiritaba. Mirando a las estrellas, Anua Motua, tras un momento de meditación, dijo a sus hijos: «Volvamos atrás, pronto llegaremos a Taikoko.» El mar estaba muy encrespado en aquel paraje y el aire era, en efecto, más que vivo: hacía mucho frío. Al preguntarle sus hijos por qué no se debía avanzar más, Anua Motua

(1) Saco que se hacía en aquella época con hojas de *hara (pandanus)*. Todo esto tiene un impresionante carácter de veracidad.

les respondió que, cuanto más adelante siguiesen... más frío tendrían; que allí, enfrente, había dos tierras y, entre ambas, una mar peligrosa; que aquella mar se llamaba Taikoko (1) y que la parte de mar en que las olas pequeñas pero fuertes y malas, rompían constantemente, se llamaba Ragiriri (2), que no aparecía vegetación alguna en las tierras al borde del mar; que el sol no estaba alto, es decir, que no subía jamás de una manera muy elevada en el cielo; que había altas montañas áridas, tierras muy apretadas, una cuenca donde se encontraban muchas ballenas, y peces raros, como no solían verse en Mangareva (3). Añadió que él había pasado por allí para ir de Avahiki a Mangareva, pero que hubo momentos en que creyó morir; y que por esa razón, porque había peligro, no debía seguir adelante (4).

(1) *Tai*, mar lindante con la tierra, y *koko*, salida; sería, al parecer, el mar del cabo de Hornos; los mangaverianos cuentan que sus antepasados lo conocían muy bien.

(2) *Ragi*, cielo, y *riri*, encolerizado.

(3) Sería entonces, al parecer, el estrecho de Le Maire, o tal vez, el de Magallanes, de la Tierra del Fuego.

(4) Si Anua Motua pasó por allá viniendo de Avahiki, procedía, pues, del Sudeste, contra lo que afirman los otros maoríes de la Polinesia Oriental, quienes declaran haber venido del Oeste. Así que no conozco nada más importante en todas las tradiciones polinesias que este relato de Anua Motua a sus hijos, está lleno de detalles formales e interesantes y hace tambalear todas las doctrinas que los eruditos han emitido y sostenido hasta ahora acerca del origen occidental de los polinesios. Después de todo, no obstante, pudiera ser que lo que fue verdad para ciertos maoríes, no lo haya sido para otros, que algunos maoríes hayan venido de Avahiki o Havaiki por el Oeste,

Luego calló, y sus hijos, obedeciéndole se apresuraron a cambiar de rumbo; las gentes de la otra balsa, al ver aquella maniobra, les imitaron y los emigrantes, virando, comenzaron en sentido inverso un nuevo viaje. Éste fue, felizmente para ellos, menos largo que el primero: los vientos del Este les impelieron rápidamente hacia la isla que querían alcanzar. Por fin, tras una travesía bastante buena, llegaron ante la isla de Matakiterani o Kairagi. Estaban todos extenuados y carentes de recursos. Allí, Anua Motua dijo a su hijo Teagiagi: «Baja a tierra y ve a ver si hay alguien en la isla.»

Teagiagi obedeció y fue a la orilla, que remontó; luego, penetró en el interior del país, en el que buscó por todas partes, pero no encontró ningún ser humano. Por último, tras haber errado durante largas horas por todos lados, llegó frente a un arroyo desecado. En aquel paraje había muchos cadáveres y osamentas.

Reinado de Anua Motua en la isla de Matakiterani (de Pascua).

Afortunadamente para los emigrantes, la primera cosecha se presentó buena. La siguiente lo fue otro tanto, y las sucesivas, aún me-

---

en gran número, y que otros, en pequeño número, lo hicieron por el Este.

Pero entonces haría falta saber si ello pudo, al menos, haberles sido posible, y, por consiguiente, conocer exactamente la situación de Avahiki: ahora bien, se ignora en realidad, dónde se hallaba aquella famosa región, tierra o isla.

jores. Los habitantes no tuvieron, pues, que temer ya los estragos del hambre, y la abundancia, incluso, no tardó en reinar en el país.

Anua Motua aún vivió en él muchos años más y llegó a una edad avanzada. Durante toda su vida fue el amo temido y obedecido por la población, y hasta por sus hijos y nietos, que vivían con él. Sentía, sin embargo, por ellos, una honda ternura, principalmente por Teagiagi, su hijo favorito. Le había consagrado a su dios, y Teagiagi era poderoso ante la gente. Pero los hijos de éste sabían perfectamente que detrás del padre estaba el rey, quien no se dejaría jamás, mientras viviera, despojar del poder, y medio por afecto, medio por temor de verse frustrar en la parte de herencia que les correspondiera, se guardaban muy bien de desagradar al ilustre anciano.

Un día que estaban reunidos en su choza, uno de ellos, Teagiagi, le dijo:

—Padre, ¿a quién legarás tus reinos después de tu muerte?

El anciano, tras reflexionar un instante, respondió en estos términos:

—Hago donación de Mangareva a mi nieto Rikitea; Tuatenukuroa, es decir, el distrito de Taku, a mi hijo Hoi; Kiriau (Kirimiro), a mi hijo Ipo; Taravai-Magamaga, a mi hija Ruaga; Tekoamaruhia-Tokiama (la punta del gran paso), a mi hija Monogi; Magaoe (Atituiti), a mi hija Pure; Akamaru Ratue, a mi hija Anuaiti; Magarirokavi (Aukena), a mi hija Tope; Eiragi, a mi hija Tuatutea; Puapuamuku, a mi hija Pigahere; Matakiteragi, a mis hijos Puniga y Marokura.

Después, calló, y su familia comprendió que acababa de dictar sus últimas voluntades. Un profundo silencio reinó durante algunos instantes en la choza; cada uno de sus hijos pensaba en la parte de la herencia que les correspondía.

Teagiagi parecía triste; durante todo el reparto de los bienes paternos su semblante no había cesado de expresar una profunda sorpresa. Por último, se levantó y dijo al rey:

—Padre, sin duda me has olvidado; has dado todas tus tierras a mis hermanos y hermanas y al hijo de mi difunto hermano Matagiakaparo; ¿y a mí no me dejas nada?

—Hijo mío —prosiguió el anciano—, te he dejado mucho más que a ellos, puesto que posees el resto del horizonte. Ve, parte, viaja y entonces poseerás una tierra que será mucho más grande que las de ellos; te prometo la de Temomonamua (1): Está dividida en dos partes, la más pequeña, así como los islotes próximos serán para tu hermano Mamarape; la otra parte, que se eleva y forma una vasta tierra, la reservo para ti; será tu reino.

Mamarape era un hijo que Anua Motua tuvo antaño de una mujer llamada Marape; aquel hijo murió joven y su espíritu acompañaba a Teagiagi dondequiera que éste fuese; para Anua Motua formaba una unidad distinta de su familia.

Teagiagi agradeció mucho a su padre las buenas disposiciones a su respecto y se retiró, así como los demás hijos.

Algún tiempo después, Anua Motua murió.

(1) Este vocablo significa, al parecer: el resto de la tierra, del espacio.

Su choza le sirvió de tumba.

Cada hijo del rey tomó posesión de las tierras que éste les había legado. Puniga y Marokura empezaron a reinar en la isla de Matakiterani.

Sin embargo, Teagiagi no fue en seguida a la busca de la tierra que su padre Anua Motua le había prometido; le costaba mucho abandonar Matakiterani, a la que le ligaban tantos recuerdos, y, durante algún tiempo, permaneció en la isla. Como ya nada poseía en ella, se retiró a casa de un particular llamado Taioko. El pueblo vio, no sin profundo estupor, al sacerdote reducido a tan humilde condición, pero no murmuró. Sin embargo Teagiagi no dejaba de ayudar a sus dos hermanos Puniga y Marokura a explotar sus tierras. Cada uno de ellos manejaba el hacha y la azada para roturar el terreno: todos trabajaban juntos. Pero Teagiagi sabía que Puniga y Marokura no le querían y que sólo aguardaban una ocasión para desembarazarse de él; a cada instante temía verles usar sus herramientas contra él, para matarle.

En consecuencia, acabó por cansarse de aquella peligrosa situación y avisó a sus dos hermanos de su determinación de abandonar la isla con parte de la población; las gentes que se hallaban sometidas directamente a sus órdenes y que habrían de ser sus futuros súbditos. Puniga y Marokura se guardaron mucho de intentar retenerles, a él y a los suyos, pues su partida había de librarles de una perpetua inquietud sobre sus futuros proyectos.

Entonces, Teagiagi, su hija Tahiko, y cerca de dos mil personas, embarcaron en almadías y emprendieron rumbo al Este (1). El espíritu de Mamarape acompañaba también a su hermano Teagiagi en la balsa que éste ocupó con el cadáver de su padre Anua Motua, que se llevaba consigo, decía, para que le ayudase a encontrar su futuro gran reino (2). A partir de aquel momento, no se sabe nada ya, en realidad, de Teagiagi y de sus compañeros. Las tradiciones de Mangareva sobre ellos son vagas y contradictorias. Una de ellas se limita a decir que él y los suyos jamás dejaron rastro de sí mismos en parte alguna. Esto es, en resumidas cuentas, lo más verosímil. No obstante, otra, ciertamente mucho menos extendida, cuenta lo que sigue:

Las embarcaciones que transportaban a Teagiagi y sus compañeros vagaron largo tiempo sobre la superficie de las aguas y los viajeros tuvieron que soportar muchas penalidades. La hija de Teagiagi, Tahiko, estuvo a punto de perecer de privaciones. Pero un dia en que, acuciada por la sed, pedía a su padre un coco para beber, Teagiagi vio de pronto dibujarse en el horizonte una hermosa tierra: era la de Temomonamua, que su padre Anua Motua le había prometido. Por fin, la abordó felizmente, con sus compañeros, y todos se establecieron en ella. Se cree que allí murió.

Los detalles son precisos y formales y, en la

(1) Según ciertos indígenas, había que pasar por Taikoko-Ragiriri para ir a Avahiki y a la tierra prometida de Temomonaumua, dirección que tomó Teagiagi tras la muerte de su padre Anua Motua.

(2) Según otra versión, Teagiagi, acompañado por el espíritu de su hermano Mamarape, y llevando consigo el cadáver de su padre Anua Motua, partió, casi solo, de Matakiterani, en una pequeña almadía.

medida que prestamos crédito a las tradiciones, no puedo subestimar el valor de esta leyenda, que me parece de un interés capital.

La migración de Anua Motua, ¿fue anterior o posterior a la de Hotu-Matua? No podemos contestar a esta pregunta. ¿Y si fuese la misma, confundida?

En lenguaje mangareviano, Motua quiere decir padredios, y *matua* en lenguaje pascuano, tiene el mismo sentido.

Lo más importante es el significado de Anua en lengua mangareviana: frío, bruma. Anua Motua, «el dios del frío».

¡Qué extraña coincidencia con la descripción de la Tierra del Fuego la de ese paso por Taikoko!

Entonces, lo que nosotros pensamos al cabo de diez años de investigaciones en el Pacífico sería verdad: hombres de la América precolombina habrían llegado y civilizado la Polinesia. Aquellos hombres aparecidos tan misteriosamente en el panteón polinesio, Tupa, Tiki... venidos del Este, dice la tradición.

No queremos ir más lejos, pero esta interferencia, esas corrientes de retorno, ese conocimiento insólito, todo ello permitiría nuevas vías de introspección.

La tradición de la leyenda de Anua Motua fue realizada hacia 1912 por Eugène Caillot, pero, en aquella época, no se había efectuado ninguna investigación seria en la isla de Pascua. No hay, pues, posibilidad alguna de interpretación de otra leyenda. La muy antigua tradición del archipiélago de Mangareva estaba intacta aún, y los trabajos llevados a cabo por

Caillot respecto a las genealogías son muy notables.

¿Cómo pudo haber inventado la tradición de Mangareva esos nombres precisos para las tierras heladas?

En toda la insólita historia de Matakiterani, jamás debemos olvidar la posición geográfica y climatológica tan anormal de este retazo de lava sobre el que surgieron, sin transición, el arte y las escrituras más extrañas y secretas del mundo.

Algunos investigadores conocedores de la tradición esotérica que marca el cambio del eje de rotación de la tierra (1), se preocupan porque la isla de Pascua, situada en ciertas épocas a algunas millas del Ecuador magnético, halla en la extremidad de su eje preciso esa parcela de tierra que el mapamundi os nombrará holgadamente y cuya alta tradición guarda la importancia. Pero es cierto que si nuestros informadores pascuanos no se han atrevido, o no han podido, contestar a ciertas precisiones, han tenido conocimientos de los territorios antárticos. El viejo Veriveri nos habló extensamente de las tierras antiguas cubiertas actualmente por los hielos del Antártico. Es impresionante que en esta isla perdida, sin contactos, haya nombres que puedan hablarnos de una tierra que apenas acabamos de descubrir. Los detalles son precisos: Vereveri nos dice que, entre aquellas tierras, se alza un gran acantilado de piedra rojiza y que ésta contiene fuerzas. Es imposible no sentir inquietud por un conocimiento tal.

(1) Inclinación de 23º 27″ del Globo terrestre.

CAPÍTULO VIII

EL REY INICIADO

Así, pues, vivíamos en Anakena, intentando cada día entreabrir esa cortina de sombra que vela la isla de Pascua. Me acuerdo de las noches estrelladas, cuando mis compañeros indígenas me contaban la vida de la isla y la muerte de Hotu-Matua, cuya memoria persiste aquí como el asombro de una dicha.

«Ya muy viejo y sintiéndose morir, Hotu-Matua reunió a sus hijos. Dirigiéndose a ellos, repartió la isla y creó así las diferentes tribus. Luego, dijo a sus hijos "quedaos así cerca de mi cabeza, de mis pies, de mi cuerpo, y tú, ve a buscarme por última vez agua fresca, pues, cuando haya bebido, moriré".

»Bebió el agua y dijo: "Prestad atención a mis últimas palabras; voy a llamar al rey de Hiva, nuestra tierra."

»Desde la cima del Rana Kao, se volvió hacia su tiera natal:

»"Y Kuihi y Kuaha, ¡haced que cante un poco el gallo!"

»Desde Hiva, el canto del gallo respondió: "O'oa Také Heuheu."

»Entonces, el rey murió.»

La isla fue dividida en ocho tribus principales: los Miru, los Haumoana, los Ngatimo, los Marama, los Ngaure, los Ure O, Hei, los Tupahotu y los Koro Orono. Entonces, comenzaron las primeras luchas intestinas. Rápidamente, la isla se separó en dos confederaciones, una de las cuales tomó posesión del Oeste-Noroeste y la otra del Sudeste y más particularmente de la región de Hotu-Iti.

Pese a esas fronteras y esos odios, los miembros de una tribu se casaban frecuentemente con mujeres de otra tribu, lo cual creaba nuevas alianzas. Aquel estado de hecho, debido a la pequeñez de la isla, fue también una defensa contra la consanguinidad, que todavía actualmente es la preocupación de los descendientes de los ciento once supervivientes de los trágicos sucesos de 1862.

Ante la frecuente adopción de esas mezclas, de esos tratos entre tribus, la isla conoció lo que se llama la sociedad indivisa, es decir, la vida comunitaria bajo el mismo techo de varias familias, procedentes, por ejemplo, de hermanos o hermanas, sometidas a la prudente autoridad del más viejo.

Esa gran familia indivisa estaba compartida por una jerarquía muy estricta, que, a menudo, fue fuente de conflictos de honor.

Como todos los polinesios que viven ancestralmente del mar, las chozas estaban esparcidas a lo largo de la costa y las tierras bien limitadas hacia el interior de la isla, pero parece ser que el centro de la isla jamás fue habitado sino por algunos huidos o derrotados.

Por encima de todas las tribus, existía un rey llamado Ariki-Mau y, a veces, Ariki-Henua, lo cual significa rey de la tierra.

Parece ser, sin embargo, que aquel rey no era siempre respetado y que en el curso de las guerras intestinas algunos de ellos sirvieron de prisioneros. Tan sólo unos cuantos, como Hotu-Matua, parecen haber poseído el *Mana* (1), esa fuerza interior de la cual volveremos a hablar y que les permitía dominar todas las situaciones.

El rey abdicaba en favor de su hijo primogénito cuando éste se casaba y, ya al nacer, le transfería su *Mana.*

El rey, aunque para algunos de ellos lo dudemos, residía en Anakena en una choza de casi cincuenta metros de largo, que dominaba el mar.

Es menester imaginarse esa amplia caleta bordeada de salientes de basalto, violetas y negras y limitada por su arco de arena rosada, extendida por el viento hasta el pie de los Ahu de estatuas.

Paisaje de calma en este país de tempestades, última cuna de estos polinesios de rostro curtido por el viento.

Raramente la morada de un rey ha sido erigida en un marco más grandioso y más noble.

Cuando al salir el sol, tras haber irisado la arena, se insinuaba en la transparencia del agua, ésta se tornaba entonces sublime, como un ópalo azul que recordase al rey el color de las

(1) Nombre polinesio que expresaba fuerza y poderío concentrados que algunos individuos poseen y pueden utilizar.

albuferas de su lejana patria.

Todo en torno, el terreno estaba limitado a fin de que nadie pudiese penetrar en el recinto regio, pues su choza y su persona eran *tabú*, es decir, prohibidas y sagradas.

Nadie podía acercarse al rey ni hablarle sin haber pedido previamente una audiencia a su servidor llamado *Tu'ura.*

Nadie podía tocarle, y los objetos que el rey poseía eran sagrados.

Sobre todo, su cabeza era sagrada. Lucía una abundante cabellera y nadie podía cortarle el pelo. El carácter sagrado de la cabeza y particularmente el pelo, considerado como receptor y emisor de fuerza, es algo notable que se encuentra a menudo en el esoterismo regio.

Una trágica anécdota muestra el valor de *Mana* otorgado a los cabellos. Cuando el último rey de la isla se estaba muriendo de viruela en la misión católica, los padres quisieron cortarle el pelo. Él se negó, pero fue rapado a la fuerza. Murió unas horas después, y los indígenas piensan todavía que fueron los misioneros quienes le mataron al quitarle su *Mana.*

Aquel niño rey fue bautizado con el nombre de Gregorio.

Tenía ocho años. Fue el último rey y aún se dice que, con él, el *Mana* abandonó la isla, y que por eso las tortugas sagradas que siempre sirvieron de vínculo mágico entre todas las islas polinesias, jamás han vuelto a las orillas de la isla del silencio.

Aquel rey *tabú* sólo se trasladaba en litera, y aquí encontramos de nuevo, no sólo la costumbre polinesia, sino también la de la América precolombina, que pretende que el rey comunica su *Mana*, a cualquier cosa que toque. Este poder sobrenatural debía ser reservado para el bien del pueblo, que pedía a la persona real que protegiera la fuerza del grupo, las cosechas, la pesca, la tierra, las aves de corral y la fecundidad femenina. Ese poder, esa fuerza de la cabeza regia hacen que actualmente la población conceda todavía gran importancia mágica a poseer uno de aquellos cráneos de rey.

¡Curiosa la reflexión de ese pascuano al preguntarme por qué los chilenos rapaban a los presos y a los soldados, y por qué el cura, que no tiene mujer, también va rapado!

El rey recibía una o dos veces al año el homenaje de su pueblo, la ofrenda de guirnaldas de conchas y flores, y ante todo presidía, en Anakena, los festejos en el curso de los cuales le eran presentados los niños recién tatuados, pues los signos del tatuaje eran solemnes y *tabú*.

Después, las escuelas de *Kohau*, o sea de escritura en tablillas, le eran presentadas por los *Maori Rongorongo*, es decir, los sacerdotes iniciados que enseñaban con gran pasión y respeto, los famosos caracteres sagrados que nosotros llamamos ideogramas.

El propio rey, enteramente tatuado con los símbolos más refinados de la tradición, se mantenía aislado de su pueblo a fin de conservarle su fuerza, y es exactamente este retrato el que se ofrece a nosotros, esa encarnación del *Mana*, coronado de plumas, vestido con un poncho de *tapa* (1) cubierto de plumas echado sobre su

(1) Tejido a base de corteza de árbol.

cuerpo azuleado de tatuajes, viviendo solo y apartado de la reina y custodiado solamente por su servidor, que jamás debía volverse en su presencia.

Aquel rey no era exactamente el jefe temporal de la isla, sino más bien, así lo creemos, la viva encarnación de una fuerza superior y de una larga tradición en la que el pueblo creía y que le insuflaba su vitalidad.

Viviendo a la sombra sagrada del rey, los sacerdotes, escogidos entre los nobles linajes, desempeñaban un papel que conocemos muy poco, pero que fue, creo yo, semejante al de los sacerdotes polinesios: «guardianes y enseñadores de la tradición». Pero todo esto sigue siendo muy poco claro, pues tenemos pocas informaciones sobre la religión de antaño que fue desarticulada en 1862, por la deportación al Perú de la mayoría de los componentes de la casta sacerdotal.

En 1864, el primer misionero, el padre E. Eyraud, escribió que la religión pagana estaba ya muerta. Aunque en aquella época hubiera sido de un valor inapreciable salvaguardar los últimos testimonios, no se hizo indagación alguna.

Según lo que aún hemos podido encontrar, los hombres responsables del sacerdocio se llamaban *Tumu ivi Atua*, que podemos traducir por «los descendientes de Dios» o, más literalmente, «los descendientes de los huesos de Dios».

Creyendo en la vida eterna, pero asimismo en el retorno del espíritu de los muertos que, con el nombre de *Aku-aku*, cobraron aquí tanta importancia que parecen aún estar presentes, aparece que el papel de los sacerdotes era conjurar, desgraciadamente a veces con sacrificios humanos, el hado o los sortilegios lanzados por los espectros.

Pero creemos que las supervivencias en las cuales los misioneros gustan de hallar las pruebas de un paganismo espantoso, son simplemente las huellas vulgares y degeneradas de las religiones muertas.

No podemos creer que aquel pueblo que erigió las estatuas de piedra no hubiese poseído antaño una religión de gran refinamiento.

De todos modos, sabemos que en aquella religión se hallaban al menos tres divinidades importantes del Panteón polinesio.

1.° En un canto de creación recogido en 1886 por el americano Thompson, se dice: «Tiki el Señor, copulando con una piedra, produjo carne roja. Tiki, el Señor, copulando con la mujer de arena, produjo Hauhara.»

Ahora bien, Tiki es el dios creador de los polinesios de las islas Marquesas y su nombre se repite en la mitología del Pacífico.

2.° Otra leyenda habla de la llegada a Tongariki del dios de la mar Tangaroa. Había venido, con apariencia de foca, a tomar posesión de la isla. Ahora bien, otro hecho extraño y preciso, una de las esculturas más raras de la isla representa un hombre-foca, o más exactamente, un hombre-otario.

3.° Por último, sabemos que, en esta isla devorada por la sequía periódica, Hiro, el gran dios de la navegación, se había convertido en el dios de la lluvia, y, creo asimismo, de la fecundidad, puesto que lo llamado por los indígenas «la piedra de Hiro» es un enorme monolito lleno de agujeros y esculpido de vulvas.

Tenemos también un documento muy curioso que explica la transformación de Hiro, dios polinesio de la navegación, en Hiro, dios de la lluvia en Matakiterani.

«El sacerdote que debía impetrar la lluvia se iba a la cumbre de la montaña y allí enterraba un trozo de coral cubierto aún de algas. Después pedía a Hiro que vertiese lágrimas a fin de vivificar la tierra reseca.»

Hay aquí una curiosa extrapolación de un mito de mar. ¿A qué pudiera ser debido? Se tiene la impresión de un tema emprestado y deformado por una raza diferente.

En 1864, el Padre Hippolyte Roussel señaló la supervivencia de otras divinidades; a saber, Tive, Rarai Roa y Haua, compañero de Make Make. Con excepción de este dios, no sabemos casi nada acerca de las otras divinidades, que me parecen haber sido reyes divinizados, como fue el caso en otros tiempos en el archipiélago de las Marquesas. Pero el dios que dominó la mitología de Matakiterani es el gran dios Make Make, cuyo semblante se halla grabado a centenares en los acantilados y las grutas de la isla y cuya memoria permanece aún presente en nuestros días.

Para los hombres de la isla, Make Make fue el creador del mundo, del hombre y de la mujer. Reproducimos a continuación las dos leyendas que hemos recogido:

LA CREACIÓN DEL MUNDO

El éter, el gas, el vacío.
El mar, la nada en torno.
La oscuridad.
La primera vibración, la primera palabra que creó la luz.
Kuihi-Kuaha (*palabra mágica*).
¡Que la tierra se seque!
¡Que el mar se retire!
Vino el sol, la gran luz,
Vino la luna, la pequeña luz,
Vinieron las estrellas,
Kuihi-Kuaha.
Vino Make Make, el primer hombre.

LA CREACIÓN DEL HOMBRE

Make Make cogió una calabaza, se miró, vio su rostro y exclamó:
«El primogénito de Make Make.»
Vino un pájaro blanco,
Se posó en su hombro derecho
Y exclamó: «Kuihi-Kuaha te anga a makemake» (*frase mágica*).
Make Make amasó tierra en forma redonda.
Puso la mano en medio por hacer un agujero.
Y entonces sopló en el agujero.
Salió de éste un hombre joven, He repa.
Make Make dijo «¡No está bien!»
Hizo dormir a He repa.

Make Make cogió un brote de plátano.
Abrió el tórax de He repa, a la izquierda.
La sangre manó sobre el brote de plátano.
Entonces, Make Make sopló en el brote de plátano ensangrentado.
Nació Uka, la mujer joven.

Ese dios Make Make, creador del mundo y de la vida se asemeja a los personajes legendarios de Tiki para el archipiélago de las Marquesas y de Tupa para las Gambier. Es el Origen.

Pero, en la isla del silencio, Make Make parece ser asimismo el origen de una tradición y de un pacto religioso sumamente importante.

CAPÍTULO IX

EL RITO MÁGICO DEL HOMBRE-PÁJARO

Dice la leyenda que el dios Make Make partió a la búsqueda de las aves marinas y abordó el islote de Motiro-Hiva (Sala y Gómez). Allí, capturó, hasta llegar a Matakiterani, los pájaros que se pusieron a su alcance.

Para que los hombres no los destruyeran y no se comieran sus huevos, Make Make los instaló en los dos minúsculos islotes de Motu-Nui y Motu-Iti, que domina el acantilado de Orongo. Ahora bien, estos dos islotes y aquellos pájaros fueron el origen de un culto único, el del *Tangata Manu*, «el hombre-pájaro» y de Make Make, dios de los habitantes del aire.

Ese hombre-pájaro, además de significar una de las más poéticas y bellas representaciones del arte de Matakiterani, significa aún más un indicio de investigación sumamente curioso.

En primer lugar, el hecho de que aquellos pájaros hubiesen sido traídos a la isla de Pascua, un poco como palomas mensajeras de la tierra de Hiva, y que inmediatamente hubiesen sido protegidos por el dios Make Make, induce a captar toda la importancia que los hombres de la isla conceden a ese reducto, a ese testimonio viviente de la lejana migración venida de la tierra de Hiva.

Poseemos, además, una tradición que refuerza esta opinión.

Cada año, algunos *Manu-tara* (1) eran guardados en cautividad hasta la edad adulta. Después, se colocaba una banda de *tapa* roja en torno a sus alas y el sacerdote las soltaba pronunciando esta frase: «Ve y retorna a Hiva.»

El dios Make Make presidía entonces las más importantes ceremonias de Matakiterani y sabemos que su *Mana* era tal que algunos indígenas afirmaban haberlo visto: «Su vestidura era blanca como una nube, bordeada de arco iris.»

Aquel dios de vida dedicaba una vez al año el extraordinario rito de fecundidad y de retorno a los orígenes que se desenvolvía en el impresionante marco de los acantilados de Orongo, con a un lado el lago interior del cráter Rano-Kao y al otro el esplendor de los tres islotes irisados de espuma.

Hay en esta fiesta pagana toda la admirable resurrección de los cultos de vida.

La fiesta se preparaba ya a fines de julio. Consistía en acechar la llegada de las primeras aves y capturar el primer huevo, símbolo del año nuevo y de la primavera austral. Aquella ceremonia no tenía parigual en Polinesia, y es

(1) Rabihorcado.

precisamente este origen o esta reminiscencia de un culto anterior lo que sigue siendo pasmoso en esta isla del fin del mundo.

Nada más extraño que la búsqueda de ese huevo venido del extranjero, de Hiva, que simbolizaba la vida y el poder. Resulta inquietante pensar que ese símbolo del huevo, testigo de la primavera renaciente, recinto de vida, fuese en otros tiempos el símbolo de las civilizaciones megalíticas de países tan distantes que uno no se atreve a hacer parangones sin penetrar en el terreno, a veces tan real, de lo fantástico.

Conocemos, por numerosos relatos, la gesta impresionante y mágica de aquella ceremonia que terminó en el año 1866.

En el curso del mes de julio, la población se reunía en Mataveri, al pie del volcán. Allí se alzaban tres enormes chozas de reunión asentadas sobre piedras de sillería. Hombres y mujeres de diferentes tribus, jefes y guerreros, servidores de los hombres pájaros se juntaban en el despliegue de cantos y danzas.

Después de interminable procesión, siguiendo la senda del Ao (1), que serpeaba a lo largo de las laderas descarnadas del Rano-Kao, hombres y sacerdotes se dirigían al santuario de Orongo. Marcha de los sueños, pues los candidatos al futuro título de hombre-pájaro habían sido escogidos por el dios y las meditaciones de los sacerdotes.

Coronados con sus diademas de plumas de gallo y de pavo real, el rostro teñido de blanco y negro, los tatuajes brillando bajo el *hami* (2),

(1) Nombre pascuano que recibe el remo de danza.
(2) Cinturón de *tapa*.

ritmando con su remo de danza el canto ritual, los iniciados llegaban a la cima del Orongo.

Los aspirantes al título de Tangata-Manu se quedaban en los parajes de Orongo, mientras sus servidores, llamados Hopu-Manu, se dirigían al islote de Motu-Nui.

Por último, el *Ariki-Henua* acudía a dar a los Hopu-Manu la señal de salida hacia el islote.

Admirable y a veces trágica prueba la de cruzar a nado el canal que une Orongo a los islotes y en el cual la corriente es de gran violencia.

Por un sendero a pico sobre las grutas y los acantilados, los Hopu-Manu alcanzaban en primer lugar el pie de la inmensa pared del volcán. Con los tallos de *totora* que cubren el cráter confeccionaban un flotador cónico dentro del cual depositaban alimentos. Después, los hombres se arrojaban al mar. Agarrados de una mano a su flotador, nadando dificultosamente contra la corriente y, debiendo esquivar a los tiburones, los Hopu-Manu pudieron por fin poner pie en el escarpado islote.

En espera de los primeros pájaros y de la puesta del primer huevo, los Hopu-Manu vivían recluidos en pequeñas oquedades de grutas que ahora vemos decoradas con los rostros de Make Make y representaciones de hombres-pájaros.

A veces, la espera era larga, y si la mar era gruesa, los Hopu no podían recibir suministros. Acechando noche y día el vuelo de las aves, cada uno esperaba conseguir el primer huevo.

Hay que tratar de captar toda la extraña aventura de aquellos hombres, cobijados en

Cara del Dios Make-Make

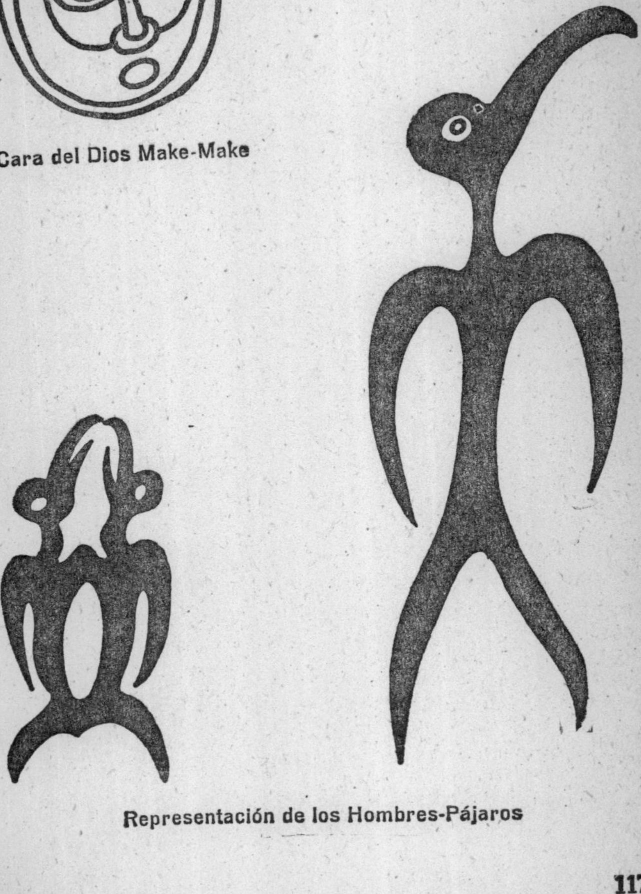

Representación de los Hombres-Pájaros

esas cámaras subterráneas donde se penetra por un minúsculo túnel oscuro, donde escuchan entre el grávido ruido de la resaca el grito estridente de las aves, y desde donde acechaban el vuelo de éstas deslizándose al ritmo del viento.

La espera de ese hombre conserva la expresión de aquel dios Make Make de inmensos ojos. El Hopu-Manu iba a ser el hombre transfigurado, transmutado por el retorno del pájaro.

Allá, en el acantilado de Orongo, dominando el oleaje y escrutando el vuelo circular de las aves, los futuros Tangata-Manu, los guerreros, los sacerdotes y el rey aguardaban la señal de los dioses.

En medio de las rocas esculpidas con más de ciento cincuenta petroglíficos bruñidos por el viento, se elevaba el canto de las tradiciones.

Los hombres ofrecían al dios la abundancia de los mejores manjares a fin de que les fuese propicio para la consecución del huevo, para el retorno de la vida fecunda.

Y allí, ante todo, los sacerdotes Maorí-Rongo-Rongo, los que inscribieron la palabra en las tablillas de Toro-Miro, recitaban el largo caminar de la vida, la que buscamos a través de estas páginas, la que murió por haber creído en el retorno de los Otros hombres.

Encaramados en el acantilado de Orongo, cara al viento, los vigías aguardaban el primer chillido que se elevaría en el islote. Bella caverna de ensueño, vertiginosa en la escarpada del volcán, era llamada Hakarongo-Manu, la «escucha del pájaro».

Y, de golpe, surgía el grito de vida, repercutido por el eco del acantilado: «¡Tú, rápate la cabeza!»

Encaramado en una roca de islote llamado «El grito del pájaro», el Hopu-Manu llamaba a su nuevo rey.

En silencio, el hombre bajaba entonces hacia el mar en el que sumergía el huevo antes de ceñírselo en la frente con una cinta de mahute.

Entonces, todos los Hopu-Manu, encuadrando al que el dios había penetrado de su fuerza, nadaban sin temor hacia el acantilado de Orongo.

Espectáculo de una majestad inolvidable. Solo en aquellos corrimientos de lava, trepando por las vertiginosas escarpaduras, el hombre bendecido llegaba por fin al pie del nuevo rey, al que entregaba el precioso símbolo.

En cuanto el vigía había oído y transmitido el nombre del nuevo Tangata-Manu, el elegido, con una fina hoja de obsidiana transparente, se afeitaba el cráneo, cejas y pestañas y se transformaba en hombre-pájaro.

El iniciado le ataba en torno del brazo una cinta de *tapa* que sujetaba un trozo de madera de sándalo. Con aquel abrazo santificado, recibía el don del huevo.

Una cosa me parece muy notable: aquel trozo de madera de sándalo, símbolo del refinamiento real, y, sobre todo, símbolo del país de origen. Sabemos, en efecto, que fue Hotu-Matua quien introdujo el sándalo en Matakiterani (1).

(1) La madera de sándalo existió en gran cantidad en el archipiélago de las Marquesas.

La tradición dice que aquél recibía el huevo en la palma de la mano cubierta con un *tapa* rojo. Gesto admirable, que subraya la nobleza de la ceremonia.

Después, todos los circunstantes, rodeando a aquel rey efímero, pero sagrado por la posesión de Dios, se encaminaban, cantando y danzando hacia el pie del volcán.

Los hombres, haciendo girar sus remos de danza, asistían al nuevo Tangata-Manu, quien se sumía en trance. El informador dice también que, además de la pintura roja y negra que les enmarcaba el rostro, los hombres se cubrían la cabeza con pelucas de cabello femenino. Este detalle es notable, pues antaño fue, en las islas Marquesas el símbolo de los sacerdotes y de los ornamentos más sagrados (1).

En Mataveri se desenvolvían luego grandes festejos durante los cuales se efectuaban sacrificios humanos.

Dícese que, después, el Tangata-Manu iba a retirarse en el acantilado del Rana-Raraku que domina las grandes estatuas.

Allí, durante un año, había de vivir solo y observar una continencia completa, y tampoco podía ir al mar.

Moraba en una pequeña choza contigua a la de su servidor que le alimentaba con las ofrendas cotidianas que toda la población debía traerle.

Era, durante doce lunas, el hombre-dios, separado del mundo y guardián del *Mana*, de la

(1) En tiempos pasados, en las islas Marquesas, los objetos sagrados eran adornados con cabellos humanos o preciosas barbas de ancianos.

fuerza vital del año al cual daba su nombre, que le era transmitido en sueños.

Asimismo, el Hopu-Manu que había hallado el huevo debía separarse de su familia durante cierto tiempo y no podía tocar ningún alimento con su mano, considerada como *tabú*.

Resaltan así nociones muy interesantes. La continencia impuesta a quien posee el *Mana*. El retiro y reclusión de los iniciados. La fuerza aterradora del *Mana*, de esa mano vuelta peligrosa como los pasos del rey... «El *Mana* puede matar.»

Todas estas nociones se encuentran también en Polinesia y además en la América prehistórica.

El huevo permanecía colgado en la choza hasta el año nuevo; entonces era escondido en las rocas del Rana-Raraku.

Cuando moría el Tangata Manu, era rodeado de un gran ceremonial al que asistían todos los demás Tangata-Manu, los sacerdotes y los jefes de todas las tribus.

Detalle muy curioso, que cita Alfred Métraux y del cual no he tenido noticia:

«El papel de los hombres-pájaro en el curso de aquella ceremonia, consistía en desatar los diez gallos que habían sido atados a los dedos de los pies del muerto.»

Uno puede imaginarse la extraña impresión de aquel muerto divino, tendido sobre la plataforma de piedra del Ahu, con los pies emplumados por aquellos diez gallos vivos. Existe ahí una magnífica interpretación de la muerte del hombre que encarnó a los pájaros y que no pudo hallar su marco sino en esta isla, cuyos ojos miran el cielo..., los pájaros.

El hombre-pájaro, encarnando el año nuevo, ese dios Make Make, permanecía así viviente en una tierra donde el rey guardaba la sombra de las fuerzas superiores.

«Make Make estaba presente en todas partes.»

Hemos de hablar, asimismo, de otra ceremonia sobre la cual tenemos poca documentación, pero que parece haber sido dedicada a ese dios.

Tras la designación del nuevo Tangata-Manu, se inscribía en Orongo el calendario de una fiesta de iniciación que me parece muy importante: la iniciación de los niños llamados Poki-Manu.

Acompañados de su padre y muy probablemente de los Tangata-Manu que no habían obtenido el triunfo, los hijos, niños y niñas, subían a Orongo, con los brazos y las piernas envueltas en *tapa* de mahute blanco, portando además en los hombros *Tahonga* de madera, que algunos interpretan como figuraciones de cocoteros. Entonces, les cortaban el pelo y recibían un nombre. Se quedaban en la choza llamada Tau reva, en la cual se hallaba la más bella estatua llamada *La rompedora de olas*, actualmente en el British Museum.

Es probable que entonces se desarrollasen escenas de iniciación sexual y de homenaje a la fecundidad.

El número de representaciones de vulvas grabadas en las rocas de Orongo es tal, que resulta difícil dudarlo, tanto más cuanto que aquella iniciación existía antes en las Marquesas y en la mayoría de las islas polinesias.

Particularmente la extensión de los labios del clítoris practicado por mujeres ancianas.

La representación de Make Make presenta notables analogías con cierta figuración grabada de Mangareva y de las islas Marquesas; representación ésta no del dios Iki, sino de un rostro diferente que encontré en el valle de Omoa, en Fatu Hiva.

Miss Routledge, que efectuó en la isla de Pascua profundos estudios, cita que en 1915, pudo establecer una lista de 86 hombres de Tangata-Manu. Indicio de la mayor importancia, puesto que precisamente sabemos que el Tangata-Manu daba su nombre al año.

Remontándonos antes del año 1866, fecha del último hombre pájaro, tenemos aproximadamente la fecha de nacimiento de aquel culto fascinante. Aun cuando pueda creerse que algunos nombres fueron omitidos, no podemos llegar a una cifra superior a un siglo. Podemos, *a priori*, pensar que aquel culto empezó en 1760.

Cabe preguntarnos si no fue una segunda migración la que erigió aquel culto en la isla de Pascua, a la par que derriba las estatuas. En efecto, Roggeween señala, en 1722, haber visto las estatuas de pie y una vegetación floreciente. En 1770, Felipe González Headо señala que, cuando la toma de posesión de la isla, el grito de «Make Make» fue lanzado por la población reunida y que, en el acta de toma de posesión de la isla, un indígena dibujó un Tangata-Manu. En 1774, Cook nota el derribo de las estatuas, la ausencia de árboles y de cultivos florecientes.

Es seguro que, si esa segunda migración tuvo lugar, explicaría asimismo el rápido declive de la religión.

Poco sabemos de aquella religión llamada pagana, pero parece ser que, como en toda la Polinesia, tenía sus ramificaciones y un valor temporal en los tabús y la medicina.

Los tabúes promulgados daban a la existencia una ordenación precisa, y su violación podía entrañar la muerte. Había, en primer lugar, tabúes relativos al rey. Tabúes concernientes a su propia persona, a las cosechas y, por ejemplo, el tabú respecto a la pesca, y particularmente a la pesca del atún, que estaba prohibida durante los meses de invierno. En la actualidad, he podido ver personalmente respetado ese tabú, pues los indígenas dicen que durante los meses en cuestión, cuando la migración del atún, éste produce asma. Es probable que este tabú haya sido promulgado a consecuencia de hechos perfectamente observados y que parecen verídicos.

Las nuevas chozas o las nuevas piraguas no podían ser utilizadas sin haber sido previamente visitadas por el Ariki-Henua que les transmitía su *Mana*.

Tabúes muy estrictos acerca de la muerte: Prohibición de encender lumbre o de pescar a proximidad de un cadáver expuesto, de comer ciertos manjares tras la muerte de un pariente.

Tabúes sobre las propiedades. Por último, el tabú general sobre los Ahu.

La fuerza del verbo, de la Palabra era, aquí,

profundamente sentida y, una vez pronunciado el encantamiento, parecía evidente que éste había de cumplirse con la fuerza de los tabúes violados.

Es probable que los sacerdotes que practicaron determinada medicina a base de hierbas, algas y mariscos, enseñasen, asimismo, el respeto de la alta tradición, como lo demuestra esta apasionante leyenda que hemos recogido de boca del viejo Gabriel Veriveri:

«Para que el hombre sepa cuándo ha de copular con mujer.

»Hay que mirar durante los ocho primeros días de la luna nueva, Maninao o'hua, "la luna del sexo del hombre".

»Hay que buscar a la mujer, copular.

»Hay que ver el hijo nacido de esa unión.

»Un hijo perfecto.

»Son estos hijos los que serán propuestos para la enseñanza, Rongo Rongo, para el culto del pájaro, para tatuar la frente de la mujer, para tatuar las manos de la mujer, para tatuar las mejillas de la mujer, para labrar los Kohau-Rongorongo.

»Lo que distingue el hijo nacido a la luz de la luna menguante del hijo nacido cuando la luna llena, es que éste será un niño corriente, sin luz...»

Ahí radica la verdadera enseñanza de la religión inicial que entonces no disociaba las fuentes de vida.

Nuestra vida seguía discurriendo en el campamento de Anakena.

A veces veíamos que nuestro queche acudía

a refugiarse en la bahía, pero, a causa de los súbitos cambios de tiempo, debía zarpar de nuevo hacia Hanga-Roa, o bien, según el viento, buscar el cobijo de Vinapu.

Cada dia, asimismo, galopando en nuestros caballos, nos encaminábamos hacia el extremo de la península de Poké, o a la costa Norte, registrando petroglíficos o levantando el plano de los Ahu. En la otra punta de la isla mi mujer traducía las leyendas y textos que obtenía. Gracias a los indígenas que nos apreciaban, la suerte nos era siempre favorable.

Un día, mi mujer recibió la visita de un anciano descendiente del linaje real, quien le dijo que, dentro de algunos días, si ella se dignaba acompañarle —y si podía conseguir una autorización para salir de la aldea—, la llevaría a la costa Norte y le entregaría una calavera de rey que habría de ayudarnos en todas partes.

Se me dispensará que, en este libro, no pueda dar el verdadero nombre de nuestros amigos indígenas, mas, dada la actitud de las autoridades respecto a ellos y la prohibición que tienen de entregar objetos antiguos a los extranjeros (claro que para con los chilenos no reza lo mismo, ni mucho menos), no puedo ni quiero permitirme una indiscreción relativa a amigos que permanecen en la isla.

Nos apasiona la idea de ver por fin una de aquellas calaveras de rey. Tras mil vueltas a través de los bloques de lava, nuestro amigo hubo de descubrirnos, en la anfractuosidad de una caverna escondida, la calavera guardada tanto tiempo en secreto.

Además de la emoción, dos cosas nos impresionaron inmediatamente: era dolicocéfala, diferente, por tanto, a la generalidad, y conservaba una perfecta dentadura, cosa muy rara en los polinesios actuales.

Gracias a aquel amigo indígena, las puertas se abrieron entonces, como si el cráneo, según nos afirmaba él, poseyese verdaderamente el *Mana*. Íbamos a ser llevados rápidamente al conocimiento de cosas importantes.

Así fue como, antes de nuestra partida de Anakena, un amigo nos condujo a otro paraje donde hubimos de descubrir, bajo un montón de piedras, al borde del mar, una extraordinaria estatua de basalto de un metro veinte de longitud, cuya diferente factura recordaba extrañamente los Tiki de las islas Marquesas.

Aquellos dos primeros descubrimientos iban a guiarnos en nuestras investigaciones. Sabíamos ya que el problema de aquel extraño mundo iba a complicarse considerablemente.

Al recordar aquellas dos primeras pruebas de amistad y valentía de los indígenas, es mi deber refutar enérgicamente las aserciones de varios autores que, habiendo pasado solamente unos días o unos meses en la isla y no teniendo el valor de comprender ciertos hechos incómodos, se han disculpado de sus trabajos escribiendo cosas de lo más indelicado sobre los indígenas, los cuales, evidentemente, jamás podrán contestar a ellas.

Cuando los hombres de la isla sepan leer y posean un documento de ciudadanía, llorarán de vergüenza por quienes les han tratado de ladrones, de embusteros y de casquivanas a sus mujeres...

CAPÍTULO X

ETNOLOGÍA HISTÓRICA DE LA ISLA MATAKITERANI

Cuando en la isla despunta el día, no se oye más que el viento y el balido de las ovejas, de las cuales cuida mucho el gobernador.

No se oye más que ese viento cuyo ruido en otros tiempos era escuchado, pues aportaba, en los ensueños, la vida de las otras islas.

Allí, en la playa de Anakena, acudíamos a menudo para oír al narrador que habla de noche y, como en otros tiempos, escuchábamos en silencio, pues la palabra no debía ser interrumpida jamás. Dijo la vida que su padre le contó, él que fue «caníbal», pero que todavía conocía el canto de los talladores de estatuas. Dijo las cosas de otro mundo del cual no puede ya volver a hallar los senderos.

Dijo: «Antes, la vida de los niños era diferente, pues los Atua velaban. Hacia el cuarto o sexto mes de embarazo, el suegro ofrecía a su nuera el presente de un horno de piedra llamado *Umu*. Le daba de comer los menudillos de pollo a fin de venerar al hijo que iba a nacer. El resto del yantar era distribuido a la familia. Todo aquello era sagrado.

»Cuando llegaba el momento del parto, la madre se hincaba de rodillas, mientras su marido la sostenía, dándole masaje para ayudarla a respirar y a dar a luz.

»Una vez efectuado el parto, el cordón umbilical era cortado con los dientes, jamás con una obsidiana, y anudado con respeto, pues en el cuerpo del hijo se encerraba el *Mana* transmitido por sus progenitores. Asistía un sacerdote para la observancia de los ritos que debían ser muy precisos, y los sueños que éste había tenido la noche anterior al parto daban una dirección a la vida del recién nacido.»

Encontramos de nuevo ahí toda la observancia de los ritos de nacimiento practicados por todos los pueblos llamados primitivos.

Así, el cordón umbilical y la placenta eran o bien cuidadosamente enterrados o arrojados a las olas. Pero en Matakiterani, el sacerdote decía esta frase que atestigua el origen de aquel pequeño pueblo. Exclamaba: «¡Ve, retorna a Hiva!»

«Luego, se ponían sobre el vientre de la madre cantos rodados ligeramente calientes a fin de forzar los últimos flujos, evitar grietas en la piel y facilitar la reposición muscular.

»Poco después, la madre recibía los primeros alimentos de manos de su marido con todo el ceremonial requerido, mientras al recién nacido se le otorgaba su primer nombre. Entonces empezaba la vida.»

A menudo, sentados bajo el saledizo de una caverna, dejando descansar a nuestros caballos y que paciesen la hierba corta, preguntábamos a nuestros amigos. Uno de ellos sabía mucho, pues su padre había sido el informador de Métraux. Mirando el mar, a lo lejos, le pedíamos que nos hablase de los niños, de su vida.

«Por la mañana, los niños iban a jugar en el oleaje, sobre el que probaban a deslizarse tendiendo los brazos o apoyándose en gavillas de *totora.* (Este juego, conocido con el nombre moderno de *surf-riding,* fue practicado en otros tiempos en toda la Polinesia.)

»Sobre los enlosados de las chozas, vigilaban las madres, enseñando a los más pequeños a jugar con peonzas que se confeccionaban con piedra o con cáscara de nuez del árbol naunau. Otros se adiestraban al juego del pájaro con cometas de *tapa* de mahute finamente tendidos sobre varitas de Makoi.

»Tras la comida en común en torno del *umu* (horno de piedra candente en el cual los manjares se metían envueltos en hojas de plátano, todo ello cubierto con tierra), los niños, o bien seguían a sus padres a pescar o a las plantaciones, o se adiestraban a tirar piedras o al lanzamiento de la jabalina de *toro miro,* y aun otros se deslizaban, cabalgando troncos de plátanos, por las pendientes cubiertas de hierba.

»Antes de oscurecer, los padres enseñaban a los niños el juego ritual del cordel cuya tradición se conserva todavía y que es llamado kaitai.

»Este juego consiste en efectuar, con un cordel anudado y sostenido con ambas manos, diversas figuras, que en la isla de Pascua eran sumamente complicadas y debían representar un suceso o una imagen precisa.

»Durante la ejecución de una figura, se

debía salmodiar palabras rituales relativas a aquélla.

»No era tan sólo un juego, sino un ejercicio de memoria que preparaba a la enseñanza de la escritura rongo-rongo, el acceso a la cual era considerado un honor.

»Aquellos juegos continuaban hasta la edad púber, que no era entonces una etapa de la vida, sino un paso franqueado con la mayor libertad. Se traducía por una gran ociosidad y la reunión de chicos y chicas en grandes chozas llamadas *Hare-nui*, donde se enseñaba la danza y otros recreos.

»Según las necesidades, los hijos ayudaban a sus padres en los diversos trabajos. Así fue en los tiempos de paz. Cuando vinieron las guerras, los niños hubieron de refugiarse en la fría oscuridad de las cavernas, donde muchos murieron de hambre.»

Oíamos hablar así, de noche, respetando la costumbre ancestral de no encender fuego.

Costumbre extraordinariamente interesante, que hoy día, aún hace decir a los viejos que la luz es perniciosa, que mata a los ojos de la noche.

A menudo pensábamos en aquellos niños refugiados en las grutas oscuras por las cuales, sin embargo, circulaban holgadamente. Los viejos dicen aún que antes se veía de noche y que, en las grutas, los hombres podían distinguirlo todo. Dícese que si, desde niño, se acostumbra a las tinieblas y no se usa nunca luz por la noche, los ojos, como los de los animales ven en la oscuridad. Lo cual es cierto, y puede explicar muchos misterios de la arqueología.

Algunos días después de esta reflexión, descubrimos, por lo demás, en un corredor de gruta de más de cien metros, frescos de una notable ejecución. Ahora bien, ninguna huella de lumbre era visible en el techo de aquel angosto pasillo y, cuando excavamos el piso, aun cuando hallamos cantidad de restos de alimentos, nos fue imposible ver rastro alguno de carbón de leña (1).

Toda la vida del niño que, a primera vista, parece tan ociosa, estaba bien dirigida por la observancia de los ritos, la enseñanza de los tabúes y, desde la edad de siete años, por la imposición de los primeros tatuajes rituales que le concedían el rango.

En aquella ocasión, uno de los hermanos de su madre le entregaba pollos.

Aquellas aves de corral eran, con las ratas, los únicos animales existentes y su entrega constituía un presente de elevado valor y muy apreciado.

Curiosa historia es la de aquellas gallináceas que adquirían, en la isla de Pascua, una importancia vital. Única carne existente, ratas aparte, era codiciada hasta tal punto, que los hombres de otros tiempos levantaron extrañas construcciones que los primeros navegantes tomaron por sepulturas y que son, en realidad, vastos rectángulos u óvalos de pesadas piedras dentro de las cuales se habilitaban nichos.

(1) Lo mismo ocurre en lo que se refiere a la famosa gruta de Lascaux.

Cada noche, los propietarios guardaban cuidadosamente los volátiles en el interior de aquéllos, cuyas entradas se tapaban con grandes piedras perfectamente ajustadas. Aquellos Hare-Moa se encontraban muy cerca de los bohíos de junco y eran vigilados constantemente.

Cada día redescubríamos los restos de aquellas aldeas abandonadas por los hombres.

Una cosa fascina inmediatamente y es la desproporción de los *Ahu* rematados por estatuas, ahora derrumbadas, ante los escombros de aquellas casas, de los Hare-Moa, de los hornos de piedra. Hay que imaginar la silueta impresionante de esas estatuas, dominando y mirando siempre a la aldea. De espaldas al mar, esos gigantes parecen haber querido mantener a los hombres cautivos en este roquedal del extremo del mundo. Desproporción grandiosa que rememora la fuerza prodigiosa con la cual, al esculpir esos gigantes, aquellos hombres se superaron a sí mismos.

Hay aquí ese síndrome de enloquecimiento de quienes, sintiéndose prisioneros para siempre jamás, se arrojaron en la evasión de un mundo gigantesco.

Es probable que esos gigantes de piedra no hayan conocido más que una vida efímera de dos siglos, pero ellos, que dominaron la tierra de los hombres, siguen presentes con el rostro hundido en la tierra de los carneros.

A menudo, caminando entre esos escombros, quedábamos sobrecogidos de espanto ante el enorme ojo inmóvil de un rostro medio sepulpultado.

Otros hay más aterradores, tumbados de

espaldas, con las finas manos cruzadas sobre el vientre hinchado como el de un cadáver, inmóviles, cara al cielo que, infatigablemente, proyecta la sombra de sus cúmulos.

Y además, esos otros entrecruzados en la caída, como los hermanos fulminados al salir de las casas de Hiroshima.

Hemos contemplado durante horas el semblante de un gigante de ésos. De su cuerpo solamente quedaba la sombra, pero de su cabeza, con las órbitas llenas de agua, la boca permanecía fina, cerrada para siempre y bella, muy bella, desfigurada por el salobre. Eran los labios de un postrer beso en el que se hablaba de amor, y seguramente son esos labios, y seguramente son esos ojos del viejo Veriveri que nos han enseñado al volver a hablar de amor inscribiendo en ellos el nombre de Matakiterani.

También ahí, en el eje de una de esas estatuas, existían las chozas donde se hablaba la misma lengua. De cinco a seis chozas-embarcación, de 15 a 20 metros de largo, para cerca de 150 habitantes; era la aldea de *Ahu,* la aldea de la paz, pues las estatuas seguían aún en pie. Como si las techumbres de *totora* y de hierba humeasen todavía a los primeros rayos del sol, íbamos a tratar de encontrar de nuevo la vida.

Con el despertar, todo era animación tras la larga noche en la sombría angostura de las chozas.

Mientras los niños iban a bañarse, hombres y mujeres se entregaban a sus ocupaciones.

Unos se dirigían a los campos, otros a la pesca, quién empezaba la construcción de una nueva choza que albergaría la vida.

La edificación de una choza requería la atención de todo el grupo. Aquí, era una gran choza de más de treinta metros de largo que se estaba terminando, pero antes se necesitaron meses y meses para recoger y labrar las hermosas losas de piedra que formarían el basamento oval de la vivienda. Cuidadosamente colocadas, las losas habían sido previamente horadadas dificultosamente con barrena de piedra, y ahora los hombres se ingeniaban en fijar la armazón de tallos de *ti* (1) o de caña de azúcar, que combada como las cuadernas de un buque, se juntaba sobre una delgada viga maestra.

Otros preparaban las esterillas de *totora*, finamente cosidas, que servirían de techumbre y sobre las cuales se colocaría una mezcla de hierba y tierra.

Como proyectando la sombra del techado, un pavimento de grandes cantos rodados, en forma de media luna, era esmeradamente ajustado por el jefe de la construcción.

En medio, recortada en la *totora*, se habilitaba una minúscula entrada.

Una vez terminada, aparecía diminuta al pie de las estatuas.

Pero aquellos habitáculos en forma de embarcación volcada, eran de una notable inteligencia, pues, sin madera, hubiese sido imposible de otro modo construir una choza que pudiese

(1) Planta comestible que posee un tallo bastante recio.

resistir los terribles vendavales que tan a menudo se abaten sobre la isla.

Por sus formas aerodinámicas, aquellas chozas no ofrecían presa a los elementos: eran solamente el sosegado refugio del sueño.

Cuando la choza estaba terminada, las almohadas de piedra grabada, las esteras y las escudillas de piedra se guardaban cuidadosamente en la oscuridad.

Ante la puerta flanqueada de dos losas de piedra, se alzaban dos estatuitas de piedra o de madera. La choza, entonces, era consagrada por el rey.

Entretanto, algunos se habían ido a cultivar sus parcelas, bien delimitadas. Allí, provisto de una vara, el hombre comprobaba la humedad de la tierra y el crecimiento de las plantas, que eran, con los huevos, pollos y pescado, los únicos recursos alimenticios.

El hombre conocía perfectamente su tierra, conocía cuarenta y dos variedades de ñames y veinte de *taro*. Con sus *Kumara*, sus plátanos, el hombre sabía que podría alimentar a su gran familia indivisa.

Por lo demás, su hermano había partido aquella mañana para la pesca.

Como las piraguas eran poco numerosas y solamente servían para la pesca del atún, se había ido solo, llevando consigo la red de fibra de morera, su valioso anzuelo de piedra y otros anzuelos de hueso humano. Se había ido a pescar a lo largo de las rocas.

De todos modos, si no podía capturar peces, se zambulliría y capturaría langostas, mariscos. A veces, también, pulpos o congrios.

Sección de la Gran Cabaña

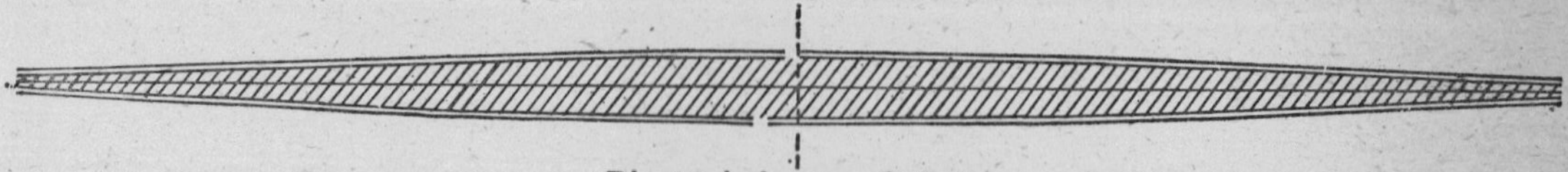

Planta de la Gran Cabaña

Planta de una cabaña-piragua (aproximadamente, cuarenta metros de longitud). Vasta cimentación de piedras labradas y horadadas en cuyos hoyos se introducía una ligera armazón de cañas de azúcar o de ti. El techo estaba formado por juncos trenzados (totora), cubiertas de hierba. La forma aerodinámica y la escasa altura de esas cabañas permitían que resistiesen los violentos vendavales que asuelan la isla.

Era la época en que todavía las tortugas abordaban las islas, y era un gozo poder atrapar alguna.

A su regreso, encendería la lumbre haciendo girar rápidamente una varita con las palmas de las manos dentro de la ranura de un leño.

Luego habría que calentar las piedras del *umu*. Como la leña escaseaba, usaría tallos de caña de azúcar, raíces o troncos de plátanos puestos a secar semanas antes.

Cuando las piedras estaban candentes, se quitaban para alfombrar el fondo del horno con hojas de plátano verdes sobre las que legumbres, pescado y pollos eran cuidadosamente extendidos; otra capa de hojas, otra de piedras caldeadas y, luego, tierra y hierba. Cuando el sol cruzase el cenit, todo estaría listo.

Al abrir el horno, se esparcía un olor delicioso, y hasta el escultor en madera abandonaba su maravilloso trabajo. Feliz con aquella abundante comida, trabajaría contento hasta la puesta del sol.

La animación era grande en la pequeña aldea.

Allá, un hombre sufría, hacía horas, la prueba del tatuaje. Armado de un pequeño peine de hueso, el tatuador martilleaba rápidamente la piel siguiendo un dibujo precioso. Cuando la sangre aparecía en la superficie de los pinchazos espolvoreaba éstos con polvos de raíz de *ti* quemado que hacía indeleble el tatuaje.

Aquellos tatuajes, que a veces cubrían enteramente el cuerpo, costumbre típicamente polinesia, parecían haber adquirido aquí una notable belleza; desgraciadamente, los conocemos muy mal, pues los primeros europeos no se preocuparon de reproducirlos. El último hombre tatuado murió mucho antes de nuestra llegada, y nada pudimos encontrar como documento válido; excepto algunas figuras muy simples, las únicas reproducciones que conocemos son figuras sobre *tapa,* actualmente en el Museo de Harvard.

Todos los individuos eran tatuados según su rango. No se puede menos que pensar en el aspecto noble y a veces bravío de aquellas asambleas, y se concibe la inquietud que los primeros europeos experimentaron a la vista de aquellos grupos de guerreros.

Si íbamos de choza en choza, podíamos descubrir el ritmo de la vida.

Aquí, un hombre estaba esculpiendo un *moai-kavakava* en una pieza de *toromiro.*

Con un *toki,* una azuela de piedra, desbastaba la forma de la estatuita; esto requería muchas horas, pues a veces, cuando la madera era demasiado dura, había que quemarla ligeramente.

Luego valiéndose de *matas* (1), esos maravillosos tajos de obsidiana, podían comenzar la escultura que habría de maravillar la aldea.

Durante días y días se le veía trabajar pacientemente, pues, constantemente, las cuchillas de obsidiana se rompían y había que remplazarlas. Cuando la estatuita estaba terminada, empezaba el largo trabajo de pulimentado, que primero era efectuado mediante pequeñas escofinas de coral.

(1) Especie de punta de flecha de forma de pedículo, tallada en obsidiana.

Para embellecer y pulimentar perfectamente la escultura se debían quitar las asperezas de la madera. Luego, mediante un *puré*, ese bello molusco que las mujeres a veces llevaban como adorno, se debía aplastar la fibra de la madera para darle una brillantez de mármol.

En el último momento, el escultor incrustaba los ojos hechos con vértebras de tiburón, en el centro de los cuales se introducía una esquirla de obsidiana negra que daba vida a la mirada.

Durante meses y años el humo y las manos respetuosas que la cogerían, darían a la estatua la pátina de un negro reluciente que la harían invisible en la penumbra de la choza.

Sobre el piso de la vivienda, una mujer fabricaba el *tapa* de *mahute* que le serviría para confeccionar la maravillosa capa que habría de ponerse por la noche para asistir a las danzas.

Con un mazo de madera muy dura, golpeaba la corteza colocada sobre un guijarro bien liso.

Humedecidas incesantemente, las fibras se estiraban y el tejido cobraba cuerpo; entonces ella las ensamblaba con arte mediante una aguja de hueso humano.

Al lado, otra mujer trenzaba sombreros que después trocaría por gallos o aves marinas. Había confeccionado ya varios tocados. Uno era notable: un bello gorro de juncos trenzados en los cuales varios centenares de plumas de gallo habían sido dispuestos con el arte de los colores.

Al lado había, asimismo, varias diademas de plumas. Unas eran verdaderos ramilletes de plumas de cola de gallo, otras tenían aspecto de coronas de flores hechas con pequeñas plumas blancas.

Había, sobre todo, un extraño sombrero de esos que las mujeres gustan lucir.

Hecho con junco de *totora,* tenía forma de media luna cuyas dos extremidades estaban elegantemente realzadas.

Cerca, una muchacha trenzaba cestas con delgadas tiras de corteza de plátano. En tiempos pasados se descubrió que lavando bien la corteza de plátano podían conseguirse fibras bastante fuertes. Era conveniente, pues cuando los hombres de Hotu-Matua llegaron aquí, sus planteles de *pandanus* y sus cocoteros habían desmejorado y no se sabía hacer cestas o sombreros sin las fibras de ambas plantas.

Cuando hubiese terminado, con el polvo amarillo extraído del *curcuma* teñiría su capa de danza, que sería hermosa como un sol.

A menudo, llegada la noche, todo el pueblo se reunía con ocasión de una fiesta. El yantar era siempre preparado en el *umu,* el horno de piedra calentada.

Como en toda Polinesia, el festín se desarrollaba según un ceremonial estricto que tenía en cuenta el rango social de los individuos.

Los hombres comían primero, servidos por las mujeres, que no podían tomar parte en el ágape.

Solamente a la terminación de éste podían acudir a comer con los niños.

Aquellos grandes festines daban ocasión a exhibir las riquezas ante los ojos de todos y particularmente de los invitados de otras tribus, pero, a veces, originaban también violentas disputas e injurias que degeneraban en batallas.

Aquellos festines, dados por múltiples ocasiones, como boda, defunción, terminación de un tatuaje o inauguración de una nueva choza de reunión, terminaban con cantos y danzas.

Para tal ocasión, los cantores aprendían durante días una canción nueva o poemas.

Poco sabemos, desgraciadamente, sobre la música y la danza de antaño, pero, según las informaciones recogidas por diferentes autores, parece ser que los cantos se ejecutaban un poco a la manera de los *rari* marquesianos, o sea, con hombres y mujeres en cuclillas sobre dos líneas paralelas.

Todos los cantos tenían denominación propia, según fuesen sacros, libertinos o amorosos.

Durante noches y noches, cuando nuestra estancia en la isla, registramos los cantos antiguos que aún sobrevivían y quedamos impresionados por el carácter polinesio del *tempo* y de la inflexión de las voces.

Como en los viejos *ute* de Raiatea, una voz más aguda domina a menudo el canto, dirigiéndolo y animándolo.

Y pudimos hallar y registrar un instrumento de percusión muy extraño que parece ser, por lo demás, el único tambor existente en tiempos.

Ese instrumento es un verdadero tambor de piedra cuyo sonido fascina como el ruido de la tierra en las cercanías de un volcán.

Tras haber cavado una zanja circular de unos setenta centímetros de profundidad, se colocaba en el fondo una calabaza encima de la cual se ponía una delgada losa de piedra. Un hombre, llamado *vaé*, se subía a ella y, con un solo pie, marcaba la cadencia, modificando a voluntad la resonancia del instrumento.

Las más de las veces, aparte las palmas y la caracola, el tambor era acompañado por un instrumento muy curioso que consistía en una quijada humana con su dentadura con la que se golpeaba cadenciosamente un trozo de madera.

Ese extraño instrumento, del cual pudimos registrar el sonido, produce un alucinante ruido de carraca, causado por el juego de los dientes al moverse dentro de los alvéolos.

No cabe duda de que ambos instrumentos, únicos conocidos, son de lo más insólito, y que la invención de ese tambor de piedra denota claramente la ausencia de madera en esta isla.

En efecto, para hacer un tambor con piel de tiburón, como se hacían en la Polinesia oriental, es necesario tener árboles de cierto grosor; ahora bien, parece seguro, examinando las esculturas en madera de Matakiterani, que jamás la isla poseyó árboles bastante gruesos.

En cuanto a las danzas propiamente dichas, poco sabemos de ellas, a no ser por los relatos de los primeros navegantes que se refieren a una danza a la pata coja.

A pesar de todas nuestras preguntas, no hemos podido dar con la significación de aquella danza, ni conocer otros movimientos.

Como por doquier, los misioneros prohibieron inmediatamente esas danzas llamadas paganas, que desaparecieron para dar paso a las danzas de importación juzgadas más morales.

Por la noche, cuando registrábamos aquellos

últimos cantos testigos de un mundo ido, no podíamos por menos, al oír la grave inflexión de las voces, que imaginar lo que fueron aquellos grupos de un centenar de cantores, alzando al viento el canto de amor de los talladores de piedra.

Hay que imaginarse esos grupos de cantores, con el cuerpo pintarrajeado de los cuatro colores sagrados, amarillo, rojo, azul y negro, y la cabeza adornada con las diademas de plumas tan refinadas como las largas capas de *tapa* revoloteando sobre los hombros desnudos. Recuerdo todavía la extraordinaria impresión que experimentamos cuando registramos, en el silencio de una gruta, el eco purísimo de una voz femenina elevando suavemente el canto de Hiva.

En estas islas frente a los hielos del Antártico, existe, en cada acto de vida, una fuerza de embrujo tal, que debió conducir hasta lo grandioso insólito a esta fracción de polinesios cuyo paso hallamos de nuevo.

En el laberinto de esas cavernas, de esos peñascos reventados, de esos acantilados, caminábamos todos los días, escrutando los restos de vida, captando la mirada de nuestros amigos o el reflejo hereditario que a veces entreabre tan violentamente las perspectivas de la Historia.

Frecuentemente nos dirigíamos a caballo a explorar el gran campo de lava que, partiendo de los pies de los siete moai de Ahu A'Tiu, acaba en la orilla del mar.

Allí, entre los derrames de lava donde se ocultan las grutas, se abre el más extraordinario laberinto de cavernas gigantescas, cavado por los huertos en hondonada.

Nos gustaba este nombre de «huertos en hondonada», pues conservaba todo la poesía de un mundo inhumano.

Son enormes burbujas de lava reventadas, abiertas, en las que los siglos y el viento han depositado una capa de humus en la que prende el agua. De cinco a seis metros, y a veces, diez de profundidad. Aquí, el viento no puede penetrar y los hombres, en otros tiempos, plantaban *mahute*, plátanos y las pobres legumbres arrancadas al mundo de las piedras volcánicas.

Huerto maravilloso donde, cuando llegábamos, descubríamos la calma, lejos de ese viento que da a la isla su música olvidada. En una extensión de más de un kilómetro está el dédalo loco de esos huertos en profundidad que se señalan de lejos por el ligero penacho de verdor que emerge de ellos.

Maravillosa naturaleza, pues en el contorno de esos huertos se abren las grutas donde vivieron los hombres. Cavernas inmensas, dotadas de muros defensivos, de angostos corredores pavimentos con losas y, además, protegido por un petril, un lago subterráneo, precioso como un cristal de vida.

Aquí, centenares de hombres, mujeres y niños hallaron refugio, y agua, pues se podía morir de sed en esta isla que no cuenta con el más pequeño arroyo. Recuerdo aún una maravillosa frase de uno de mis amigos indígenas, cuando, un día, le hablé de los riachuelos y cascadas de Tahití.

Dijo simplemente: «El país donde el agua no muere.»

Aquí, en la isla de Pascua, el agua se muere, desaparece en la lava y, a veces, vuelve a encontrarse, viva aún bajo la tierra. Aparte los tres lagos —cráteres de volcanes—, los puntos de agua de la isla son escasos, y cuando las guerras a causa de la superpoblación estallaron en la isla, esos puntos de agua tuvieron que ser defendidos hasta la muerte, de la que se encuentran las osamentas por doquier.

Esta isla conoció la muerte de las dos caras; la época de la muerte violenta, de las guerras, de las epidemias cuando los cadáveres ya no se enterraron, sino que se ocultaron simplemente en lo más prfundo de las zanjas de lava, y, además, la de la calma, aquella en que los hombres, poco numerosos, tomaban posesión de la isla y erigían estatuas.

Así, cuando el pascuano moría su cadáver iba a reposar en las cámaras del *Ahu*. Su cuerpo, envuelto en una estera de *totora,* como los guanches, como los indios del lago Titicaca, se pudriría y se desecaría en la pequeña plataforma elevada a algunos metros del *Ahu*.

Durante meses y meses permanecería allí, expuesto al sol, al viento, al salobre que blanquearía sus huesos. El tabú reinaría sobre él y ya no se encendería fuego en los alrededores.

Sus huesos, piadosamente conservados, reposarían cerca de la pequeña aldea donde había vivido, pero su alma liberada iría, de noche, a *Te po,* donde viviría feliz si los hombres en la tierra le hacían ofrendas. Si no, regresaría y se encarnaría en un *Aku-aku.*

En la muerte, el hombre conservaba su rango. Si había sido rey o sacerdote, guerrero o artesano, pobre o rico, seguiría siéndolo para toda la eternidad.

El hombre ha muerto: su más próximo pariente, llamado «dueño del cadáver», cuidará de la buena ordenación de los ritos que dominan la eternidad.

Mientras se elevan los cantos de adiós, se prepara el banquete fúnebre en el *umu.* Solamente el dueño del cadáver no podrá tocar ese alimento, pues, a su vez, se torna tabú.

Este ritual se encuentra, con ligeras variantes, en todas las islas polinesias. La tradición había salvado grandes distancias, como el amor que el hombre de Matakiterani había conocido desde muy joven.

Se ha hablado mucho, groseramente, de las costumbres ligeras de los habitantes de estas islas. Es una manera de ser de la mayoría de los navegantes que, sin embargo, no se hicieron de rogar para tomar parte en el juego. Polinesia se había convertido en el *leit motiv* de una literatura de eróticos impotentes o de misioneros inhibidos.

Sabemos cierta cantidad de cosas concernientes a la vida sexual de los habitantes de la isla, pero también sabemos que fueron marinos civilizados quienes les trajeron la sífilis, de la cual muchos murieron.

Sabemos que las mujeres de la isla, ciertas mujeres, se entregan a los hombres venidos de lejos porque, como en todas las islas, existe una terrible angustia que se llama consanguinidad.

Era ya tremenda en la época de los primeros navegantes y fue un espectro a partir de 1870, cuando no quedaban en la isla más que ciento once supervivientes.

Pero sabemos una cosa muy bonita, la frase que antaño decía el padre a su hijo cuando éste se casaba: «No la hagas sufrir más que dándole hijos.» Sabemos que las mujeres eran respetadas y su tarea bien compartida. Sabemos que el adulterio podía ser castigado con la muerte. Sabemos que, entre los nobles, el matrimonio estaba permitido entre familia a partir de primos en tercer grado. Sabemos que la separación de la pareja era libre, pero que el hijo quedaba salvaguardado. Sabemos que a veces el hijo era prometido muy joven, pero que, al llegar a la edad adulta, podía rechazar la unión. Sabemos que algunos reyes fueron polígamos, y que ciertos hombres, muy pobres, practicaron la poliandria. Y sabemos, por último, que la isla de Pascua conoció los cantos de amor de todos los hombres del mundo.

Hemos conocido maravillosas historias de amor, como la de aquella muchacha de Hanga-Roa que, impelida, obligada a aceptar los favores de un oficial chileno, escapó a este mundo prohibido a los indígenas, franqueando, de noche, las alambradas de Hanga-Roa y permaneciendo sin ser hallada más de un mes, oculta en una gruta donde aquel a quien amaba acudía por la noche trayéndole agua fresca en los cuencos de la mano.

Y hemos conocido a esa adorable muchacha, que poseía toda la nobleza de un mundo. Casi dos meses escondida en el subterráneo de esas grutas donde se abisma el viento. Casi dos meses sin comida, en el frío, por el amor de otro salvaje.

Y hemos registrado cantos de amor, maravillosos como los de Eluard.

Esto es lo que aprendimos de la vida de la isla. Nuestra labor científica marchaba bien, habíamos traducido ya cantidad de leyendas, encontrado ciertas palabras de un vocabulario inquietante, comparado nuestras investigaciones con las del gran sabio Alfred Métraux, y, era éste quien tenía toda la razón; los hombres de la prehistoria de la isla eran ciertamente polinesios venidos probablemente de la Polinesia oriental entre los siglos XII y XIII.

Estábamos seguros de ello, pero muchos indicios nos permitían pensar que, originalmente, esta isla tal vez conoció otro destino. Y en este punto debíamos apartarnos resueltamente de una lógica admitida.

Estábamos inquietos, realmente *in quaestum*..., y había llegado la hora, para nosotros, de ir a establecer nuestro campamento base al pie de los gigantes del Rana Raraku.

CAPÍTULO XI

LOS ESCULTORES DE DIOS

Rodeado por una tapia de piedra que servía de recinto a las ovejas, protegido por cuatro grandes eucaliptos, nuestro campamento iba a anidar cara al círculo perfecto de ese volcán-cantera. Durante semanas y semanas, veríamos surgir la luna por el labio del cráter y desaparecer por la belleza de Aurora. Íbamos a oír también cada noche el canto del viento que, a veces, parecía guiar el sentido de nuestras largas conversaciones.

Una vez por semana, subía el aprovisionamiento de Hanga-Roa. En lo que respecta el agua, guardábamos la de lluvia e íbamos a lavarnos en la turbia del volcán.

Mientras mi mujer permanecía en Hanga-Roa para su labor, íbamos a vivir con tres compañeros indígenas, una mujer para cuidar de la comida, Bob, mi compañero inglés y yo.

En seguida hubimos de comenzar nuestro trabajo.

Tras haber localizado minuciosamente todos los vestigios aparentes del cráter, nos pareció

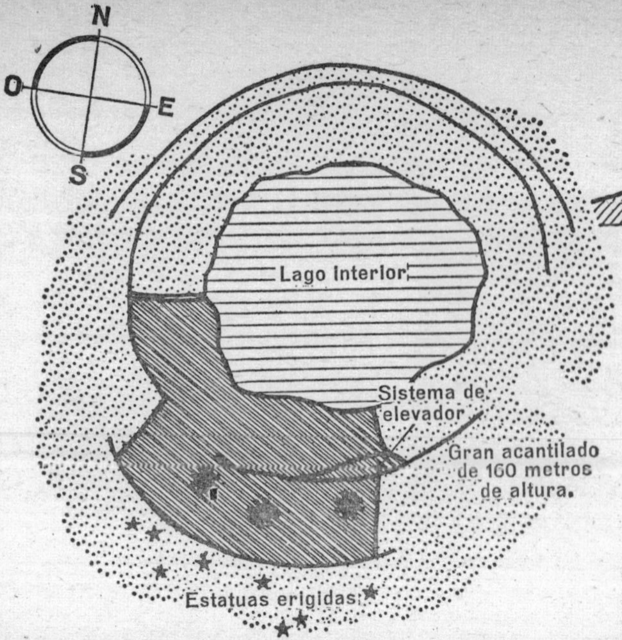

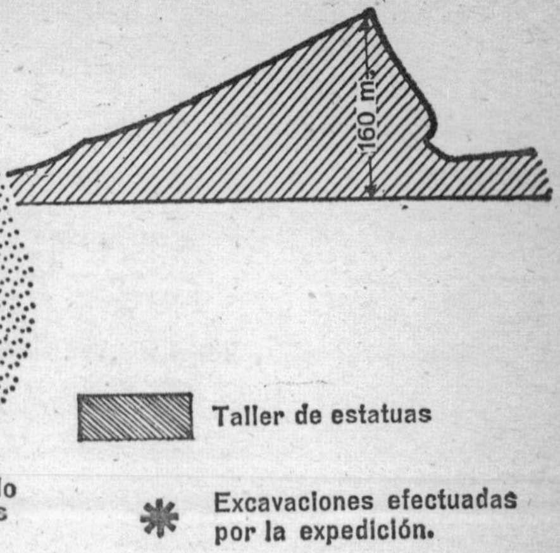

Plano general del volcán-cantera Rano-Raraku, con la situación de los talleres de talla.

interesante, antes de iniciar las excavaciones en profundidad, tratar de situar el aparente desorden de aquellas 193 estatuas que todavía permanecían erguidas a ambos lados del cráter.

Erigidas aproximadamente en un eje N.O.-S.E., las estatuas en pie tiene todas una situación levemente distinta.

Nos parecía que sus miradas se dirigían cada una hacia un punto geográfico, o tal vez hacia una estrella.

Empezamos, pues, a levantar minuciosamente el plano exacto de su posición. Hubimos de obtener una verdadera radiación de ejes. Ello no cesó de intrigarnos. ¿Estábamos en presencia de una proyección del mapa del cielo, como podía hacerlo creer el nombre de Matakiterani? Nos era imposible dar una respuesta, pero, de todos modos, estábamos seguros de que aquellos gigantes de diez metros no habían sido colocados en las laderas del volcán sin cierta premeditación.

Había que destruir aquella convención de que las obras de arte respetan la simetría de una lógica artesanía. Había que investigar, aunque tomásemos un camino equivocado.

Estábamos seguros de que aquellas estatuas, cuyo pedestal había sido labrado para ser hincado en el suelo, eran diferentes a las que, truncadas, dominaron en otros tiempos las grandes plataformas de piedra. Sabíamos que aquellas estatuas habían sido talladas para permanecer allí, guardianes del volcán.

Nos asombró la diferencia que aparece a simple vista entre esas estatuas y las de los

Ahu. Existía en ellas bastante diferencia de elegancia de intención como entre una estatua de Praxíteles y su pálida imitación de la Roma decadente, y Loti, cuando su paso en 1870, escribió: «¿Las estatuas? Hay dos clases de ellas. En primer lugar, las de las playas, todas ellas derribadas y rotas; por lo demás, las encontraremos en los aledaños de esta bahía. Luego, las otras, las aterradoras, de una época y un semblante diferentes, que todavía se mantienen en pie en la otra vertiente de la isla, en el fondo de una soledad donde ya nadie va.»

Esa radiación que ahora hemos fijado en la hoja de papel canson, esos ejes desiguales, nos fascinaban. Un día, no aguantando más, decidí ir a Hanga-Roa para hablar con mi mujer de ese hallazgo y saber si el viejo Veriveri podría ayudarnos.

La respuesta llegó, rápida, asombrosa.

—No, las estatuas no eran la proyección del mapa celeste.

«Todos los Moai de Rano-Raraku son sagrados y miran una parte del mundo de la cual uno tiene el poderío y la responsabilidad; por eso esta tierra fue llamada "el Ombligo del Mundo".

»Todos los Moai que miran al Sur son diferentes. Guardan las fuerzas de los vientos del Antártico y transmiten todos sus poderes a una enorme piedra volcánica roja que limita el triángulo de las islas del Pacífico.»

Íbamos a penetrar en un terreno totalmente distinto, que no teníamos derecho alguno a rechazar en la medida que todas las investigaciones y soluciones anteriores se cerraban con

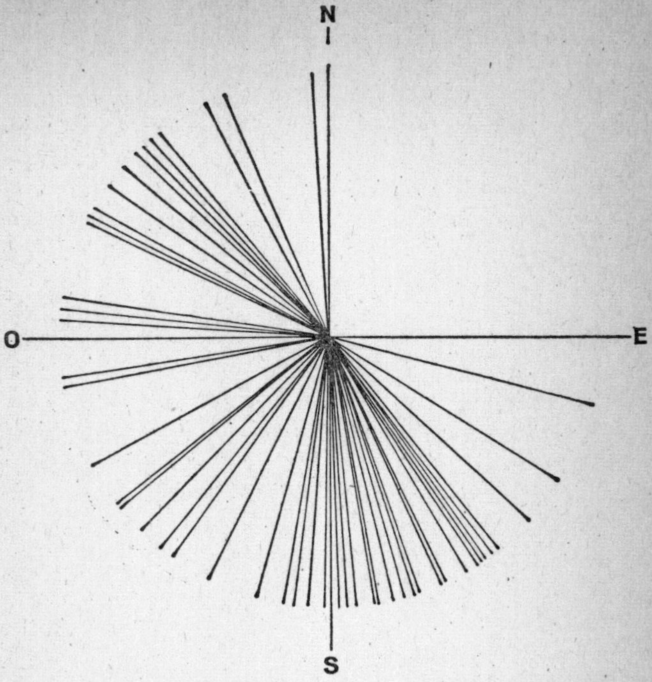

Plano de las direcciones de las miradas de las estatuas que se levantan en el acantilado Rano-Raraku. La tradición dice que «cada estatua mira una parte del mundo cuya responsabilidad le incumbe».

desviaciones de lenguaje o historias de Aku-Aku.

La amistad de los indígenas iba a abrirnos ciertas puertas que están, creo yo, ocultas hace mucho tiempo en la isla de los carneros.

Estábamos sobrecogidos, tanto más cuanto que yo recibía constantemente mensajes de mi mujer notificándome la traducción de textos harto inquietantes.

Salvado aquel primer obstáculo que tanto nos intrigaba, íbamos a poder comenzar las excavaciones, pero previamente, debíamos visitar minuciosamente la inmensa cantera, comprender todo el funcionamiento de la talla de aquellos gigantes y, de ser posible, tener una mayor información orientadora. Estábamos apasionados por nuestra labor y cada noche, en el campamento, nos encontrábamos a gusto con los tres amigos pascuanos. Hablábamos, ellos narraban, indagaban como nosotros, pues tanto como nosotros deseaban conocer la historia de su isla. Para ellos, como para toda la población que seguía a mi mujer en Hanga-Roa, había toma de consciencia o, más exactamente, consciencia de revivir.

Cada día, en cuanto el sol se asomaba a la punta de Poiké, abandonábamos el campamento y llegábamos rápidamente a las laderas del volcán devorado de estatuas, ese volcán maravilloso, imposible de volver a crear con la imagen de las palabras, tan calmoso y grave es. Aquí parece permanecer la leyenda de un mundo que sin duda sospechábamos, pero que no podíamos descifrar. Se ha escrito: «Todos los viajeros que han visto el Rano-Raraku han quedado sobrecogidos», pero es más grave escribir, al cabo de veinte años de investigaciones, que quienes han visto el volcán han sido presa de cierta angustia, una angustia parecida a la que se trasluce en este maravilloso texto de Pierre Loti:

«¿De qué raza humana representan el tipo,

con su nariz respingada y sus delgados labios que hacen una mueca de desdén y de burla? Sin ojos, con solamente profundas cavidades bajo la frente, despejada y noble, bajo las cejas, y que, sin embargo, tienen aspecto de mirar y de pensar. Por ambas mejillas bajan unos salientes que tal vez representaban su tocado a estilo del gorro de las esfinges o bien orejas separadas y lisas. Su talla oscila entre cinco y ocho metros. Algunos portan collares hechos con incrustaciones de sílex o tatuajes dibujados en incisión. Verosímilmente, no son obra de maoríes.»

Y es precisamente esto lo que presentimos, y tal vez resida ahí el gran misterio de Matakiterani.

Erguidos o tumbados, 176 gigantes surgen aquí, y ya sabemos que sin duda hay otros tantos bajo tierra.

El más pequeño tiene tres metros y el más grande veintidós, que es lo pasmoso. Están ahí, inmóviles, presentes, a veces violentos en su esplendor, pero algunos son diferentes. Están ahí, repartidos en dos grupos, unos dentro del cráter que les atrae con su espejo, los otros desbordando del labio del volcán como avanzando hacia el mar.

¿Desde cuándo están así, inmóviles? ¿Y por qué algunos están esculpidos en una roca diferente que el viento debe contornear? Pues están ahí, intactos por la lluvia, el viento y la arena, en tanto que otros están roídos y cubiertos de musgo.

Los indígenas dicen: «Aquellos sobre los que todavía no crece el liquen, viven aún.»

Y acaso es verdad, al igual que muchos objetos que dicen que son mágicos porque captan y conservan las ondas. En efecto, ciertos objetos esculpidos en determinados materiales como cobre, madera desvitalizada, basalto, son, por experiencia, susceptibles de ejercer de colectores de energía.

Estatuas de basalto aparte, por lo demás rarísimas, se distinguen fácilmente, por la calidad de la piedra empleada, las dos épocas de esas estatuas. Lo mismo pasa con el estilo, mucho más refinado, que caracteriza las estatuas de la primera época.

Casi todas las estatuas erguidas que se encuentran al pie del volcán son de la primera época, y no fueron esculpidas para ser trasladadas a los *Ahu* de la isla.

A ambas partes del labio del volcán, se abren dos inmensos talleres de escultura, que debieron de ser explotados en diferentes períodos.

El primer taller fue seguramente el situado en la cara exterior del volcán. Ahí, la gran mayoría de esculturas tienen un acabado notable, mientras que las estatuas que se encuentran en la cantera, dentro del cráter, son mucho más groseras y decadentes, obra de otra población.

Cada día recorríamos el dédalo de esas estatuas, enormes de talla y quedábamos desconcertados ante una audacia semejante, una tal maestría. Para no perder sitio, los escultores imbricaron las estatuas, utilizando todas las posibilidades de la roca, y las empezaron de perfil, al sesgo y hasta cabeza abajo.

En ese paisaje lunar, labraron los gigantes

de un mundo distinto, y la impresión es fulgurante.

Aquí, todo es grandiosidad y desprende una dura impresión de angustia.

Todo parece haberse parado en un día, como presa del viento de un inmenso cataclismo. Todo es inhumano.

¿Por qué aquellos hombres dejaron de ser bruscamente los escultores de Dios? ¿Qué terrible azote les castigó? Todo está abandonado en su sitio, las hachas de piedra, talladas como enormes puñetazos chelenses, las estatuas paradas en su movimiento... y ésta es, ciertamente, la sensación más insólita del santuario.

Los supervivientes no saben qué responder; cuentan una leyenda tan híbrida que se tiene la impresión de que jamás han estado enterados y que no son los descendientes de los últimos escultores.

Dicen que una hechicera, no habiendo obtenido su parte en un yantar de langosta, lanzó impelida por su *Mana* la imprecación maldita: «¡Moai, quedaos inmóviles para siempre!»

Pero todo eso es penoso, falso, molesto. Hay algo más grave e inquietante. Todo ello debió de ocurrir en pocos días, pues más de ochenta estatuas están en pleno período de ejecución. No ha habido paralización progresiva de la cantera. Ha habido muerte, como para esos gigantes que, a decenas, detuvieron su marcha a lo largo de la pista que parte del volcán.

¿Fue una guerra fratricida? ¿La locura de un rey alucinado por aquella creación? ¿Un fenómeno natural como la caída demasiado próxima de un meteoro? ¿Tal vez una terrible enfermedad? ¡Quién sabe! Pues hemos de hablar de extrañas esculturas que nos parecen revelar un fenómeno demasiado curioso de degeneración física, como el derrumbamiento de las vértebras cervicales.

En ese taller gigantesco, lo maravilloso es que todo el trabajo de los hombres sigue siendo explicado como un gran libro abierto. Sabemos perfectamente cómo fueron talladas esas estatuas.

Bajo la dirección del escultor jefe, el equipo, que debía de contar con unos quince tallistas aproximadamente, atacaba la cara de la pared del peñasco escogido. Usando su pico de piedra dura cuya materia hallaban en la misma cantera, los escultores hacían saltar la roca siguiendo un trazo de hoyos espaciados de diez centímetros que el escultor jefe ejecutaba previamente.

Aquel trazado delimitaba la forma y el tamaño de la obra a ejecutar. O bien la estatua era tallada en el mismo plano del peñasco, o había que desprenderla de una verdadera gruta. Labor gigantesca, que consistía primeramente en abrir a ambos lados dos pasillos de acceso de ochenta centímetros a un metro de anchura por uno y medio de profundidad.

Una vez despejados aquellos pasillos, los escultores podían comenzar la talla del *Moai.*

Las medidas eran precisas y el escultor jefe seguía trazando los hoyos de guía. A veces, aquellos desdichados, al despejar la roca, topaban con vetas de escorias o brotes de traquita que hacían imposible la obra o la desfiguraban. Por lo que se observan, en la cantera, varias estatuas abandonadas por estas razones.

En cuanto a la cabeza, orejas y cuerpo estaban terminados, empezaba el trabajo más delicado, que consistía en excavar el dorso para separar el cuerpo de la roca. Siguiendo un movimiento cóncavo, los escultores, desde ambos lados, roían literalmente la espalda del gigante hasta que éste sólo quedase unido a la roca por una monstruosa espina dorsal que parecía la quilla de una embarcación.

El trabajo más delicado consistía luego en hacer saltar aquella quilla sin que la estatua se rompiese.

Hemos comprobado que, la mayoría de las veces, los escultores acometían aquella cresta en diversos sitios, abriendo así huecos en los que se introducían piedras de sostenimiento. Así, poco a poco, el gigante se desprendía de la roca madre y, finalmente libre, descansaba sobre un lecho de guijarros. El fino esculpido de la nuca y la espalda no podía ser terminado hasta que el *Moai* era enderezado al pie del acantilado. Entonces lo pulimentaban con bloques de coral.

Varias notables esculturas se realizaban entonces. Me parecen particularmente importantes, pues no las hemos encontrado en las esculturas decadentes de los *Ahu.*

1.° Un bellísimo collar cuyas líneas suelen discurrir en zigzag y en las cuales, según Pierre Loti, había incrustaciones de obsidiana, pero no las encontramos.

Ahora bien, ese collar nada tiene de polinesio, como tampoco de símbolo de tatuaje que ciertos autores han pretendido reconocer.

A menudo, asimismo, encontramos rastros de pinturas.

2.° A la altura de los riñones, tres grafismos particularmente insólitos. Primeramente, son una serie de líneas curvas que dan la impresión de un arco iris; luego, un círculo perfecto y, por último, un grabado muy curioso en forma de M mayúscula.

Alfred Métraux ha escrito que era la representación del cinto de corteza que antiguamente usaban los hombres. No lo creo así. La sola explicación que pudo darme un indígena parece más válida. Dice: «Son las representaciones de los elementos de vida, Sol, Luna, Rayo.»

Esto es sumamente interesante si se piensa que, para los indígenas, el rayo representa lo que nosotros llamamos «electricidad estática». Tal vez hay aquí una dirección de investigaciones de suma importancia.

CAPÍTULO XII

CÓMO FUERON TRASLADADOS AQUELLOS GIGANTES DE PIEDRA

Uno de los grandes problemas que presiden la arqueología de la isla de Pascua consiste en saber cómo fueron transportadas aquellas estatuas hasta los *Ahu,* algunos de éstos situados a varios kilómetros de la cantera. Este problema jamás ha sido resuelto, y ni siquiera los trabajos de la expedición noruega de 1956 han aportado solución alguna. En efecto, el *Moai* que Heyerdall intentó trasladar, no demuestra nada:

1.° Porque es uno de los más pequeños y, además, porque fue arrastrado con ayuda de cuerdas, por un terreno muy especial que solamente existe en Anakena, en toda la isla: un terreno arenoso, sin ninguna aspereza de rocas.

2.° Las mayores estatuas transportadas a los *Ahu* alcanzan las veinte toneladas. El problema no tiene ninguna comparación si se piensa que el terreno no es más que una inmensa capa de lava resquebrajada. Se han dado varias explicaciones, unas delirantes, otras difícilmente válidas.

¡Algunos autores han admitido que se ponía bajo la estatua una verdadera alfombra de boniatos y ñames! Uno piensa en el extraordinario puré, y ello durante kilómetros...

Otros han dicho que colocaban rulos de madera. Pero, ¿dónde hubieran podido encontrar aquellos desdichados pascuanos la madera necesaria? Hay que pensar en aquellos pobres retoños de *Toro Miro,* completamente deformados por el viento y que a lo sumo alcanzan el grosor de un muslo.

Otros han hablado de trineos.

Sí, ciertamente, existieron cuerdas y conocemos su textura. Eran bastante sólidas, pero, por lo demás es imposible creer en semejantes suposiciones. Hecho tanto más destacable, esas estatuas no muestran huella alguna de golpe o rasguño; ahora bien, habida cuenta de la relativa fragilidad de esa piedra pómez volcánica, si las estatuas hubiesen sido arrastradas durante kilómetros sobre rulos de madera, no cabe duda de que habrían quedado huellas.

Evidentemente, la lógica busca sus pruebas, pero lo más sorprendente es la respuesta formal de todos los indígenas: las estatuas fueron trasladadas por *Mana.* Cierto o falso, es, de todos modos, extraño que la respuesta sea siempre la misma.

Nuestros informadores especifican: sólo dos hombres poseían el *Mana.* La población debía trabajar duramente para esculpir los *moai,* pero a su terminación, el rey daba el *Mana* de trasladarse. Aquellas cosas se perdieron, ya no existe *Mana.*

No hay que sonreír ante palabras semejantes, pues si ninguna explicación lógica es válida, ¿por qué rechazar, sin más, una hipótesis que tal vez llegará a comprobarse?

¿Y si algunos hombres en una época determinada, pudieron haber utilizado fuerzas electromagnéticas o la fuerza de antigravitación? ¡Es pasmoso, pero menos estúpido que la historia de los boniatos chafados!

Sea como fuere, hay algo terriblemente anormal en el acantilado del volcán. Unas estatuas bajaron por encima de docenas de otras sin dejar rastro.

Ahora bien, diez o veinte toneladas plantean un problema.

Hay que abstenerse de una lógica que dice: si hubo cosas tan excepcionales, la civilización era excepcional también; y sabemos que ésta no había pasado de la edad de la piedra labrada. Sin embargo, en África, por ejemplo, conocemos numerosos hechos muy anormales que están en constante paralelismo con una sociedad llamada estacionaria o regresiva.

Creo difícilmente en todo lo que acabo de exponer, pero no puedo negar una posible probabilidad.

En la medida que, hace apenas veinte años, la cátedra de arqueología enseñaba que la fecha límite de la aparición del hombre no podía rebasar los 100.000 años antes de Jesucristo, y, en cambio, ahora estamos muy lejos de esta afirmación lógica, me inquietan los posibles; me inquieto tanto más cuanto que los indígenas dicen que todo murió en la isla de Pascua cuando desapareció el *Mana* y cuando veo el asombroso testimonio de un pasado totalmente anormal.

La parapsicología hallará tal vez su vibración en esta isla de tan confuso magnetismo.

Pienso de nuevo en otra afirmación de un indígena. Decía que «las estatuas avanzaban erguidas, girando en semicírculo sobre su base redonda».

Aquí se tiene la impresión de un mecanismo electromagnético de campo limitado.

En cuanto a la erección de las estatuas sobre los *Ahu,* la expedición noruega quiso probar por un método lógico que ello era posible. Es justo, es posible, pero la estatua que fue alzada es una de las más pequeñas y no rebasa las tres toneladas. Por otra parte, se usaron enormes palancas de madera rectilínea, supongo que eucaliptos que desde hace poco crecen en ciertos recintos de la isla. Ahora bien, en otros tiempos no había árboles.

Cabe también fundamentarse sobre otras construcciones ciclópeas erigidas en Polinesia, construcciones de las que conocemos perfectamente la técnica de planos inclinados. La única objeción es que aquellos monolitos no eran esculturas de veinte toneladas, que debían y podían ser manejadas de un modo totalmente distinto. ¿Y los moños de piedra roja colocados a diez metros de altura, una vez erigida la estatua? Hemos buscado vanamente huellas de esos terraplenes que al menos hubieran debido tener cien metros de longitud.

Cabe pensarlo todo... pero, ante la estatua de 22 metros (es decir, la altura de una casa de siete pisos), que está por terminar en el acantilado de Rano Raraku, ya no es posible ninguna lógica. Figuraos, cabeza y cuello, siete metros por tres de diámetro; longitud de la nariz, tres metros cuarenta; altura del cuerpo, trece metros. ¡Y cincuenta toneladas! Hay actualmente en el mundo pocas grúas capaces de levantar una mole semejante.

Y, sin embargo, la estatua está ahí, enmarcada por sus dos pasillos de acceso, terminados ya en su tres cuartas partes.

No estaba hecha para quedar incisa como una escultura en la roca. Estaba hecha para ser quitada. Ahora bien aquel escultor jefe no había hecho una obra de loco. Con seguridad había decidido dar vida a aquel gigante.

Cuando se piensa que, para quitar la famosa estatua llamada *La rompedora de olas*, de dos metros treinta de alto, hicieron falta más de quinientos hombres provistos de poleas y de todo el material necesario —y que la corbeta francesa *Flore* no pudo, pese a su material y a sus hombres, llevarse más que una cabeza, por lo demás en bastante mal estado (1) sin árboles, sin gran posibilidad de fabricar sin cesar nuevas cuerdas, no veo cómo fueron transportadas aquellas estatuas. La isla de Pascua, con sus 5.000 habitantes aproximadamente, no es Egipto, o Tihuanaco, donde ciertos arqueólogos se complacen en pensar que podía ser empleado todo un ejército de esclavos.

Entonces vale más decir que el misterio permanece intacto o que la solución es muy distinta. ¡Que es fantástica!

(1) Actualmente en el Museo del Hombre.

Antes de escoger nuestra localización de excavaciones quisimos efectuar algunos sondeos en torno de la extraordinaria estatua tumbada que la expedición noruega descubrió.

Esta escultura es, ciertamente, uno de los descubrimientos más interesantes hechos en la isla de Pascua, y constituye para Heyerdall una gran gloria.

Esta estatua, de la cual apenas parte de la cabeza sobresalía, fue despejada y su descubrimiento iba a poner en entredicho todas las teorías sobre la población de la isla de Pascua. Para quien conoce el estilo polinesio, no cabe duda alguna de que esa estatua de hombre barbudo es de origen exterior, y yo creo, como lo cree Heyerdall, precolombina. Cuando la descubrimos, quedamos asombrados de su semejanza con la famosa estatua del dios de los olmecas. Aquello me fascinó tanto más cuanto que había estudiado a fondo aquel pueblo que se llamaba «hombres del agua salada» y que, muy probablemente fue el origen del estallido artístico de los mayas. Aquella estatua nos inquietaba todos los días. Relativamente pequeña, curiosamente situada a plomo de la gran hendidura del volcán, parecía dirigir aquel mundo de gigantes en el que se encontraba proyectada. Era la imagen de otra historia y soñábamos con poder descubrir más documentos del mismo estilo.

Desgraciadamente, hubimos de enterarnos, dos semanas antes de nuestra partida, de que posiblemente existían otras, pero no pudimos efectuar excavaciones, que el gobernador nos había prohibido, y sin que, por lo demás, se aviniera a entregarnos un documento oficial.

Probablemente, no habíamos sabido hablar al gobernador como él hubiese deseado, es decir, «como amigo latino».

Mas para los investigadores que tengan la dicha de residir en la isla de Pascua, doy aquí los datos que me fueron facilitados por un amigo pascuano:

«Existen, enterrados en el Rano-Raraku, dos *Moai* de *mujeres* (1) de cabeza redonda y cuerpo enteramente esculpido, con piernas. Están situados cerca del *Moai* que tiene un grabado de navío en el pecho y un poco más a la izquierda de la estatua derrumbada.»

Deseo, y así creo, que estas informaciones sean exactas, y soñamos con que otros investigadores puedan exhumar esos documentos de la mayor importancia.

Terminados nuestros sondeos, decidimos abrir un vasto campo de excavaciones en la ladera del volcán, a fin de verificar si bajo tierra había más estatuas.

Nuestra primera tarea consistió en quitar una primera capa de terreno a fin de poner al descubierto una verdadera escalera de cuatro estatuas en vías de terminación. Conseguimos así rápidamente un muestrario limpio y preciso del trabajo de los escultores.

Nuestro segundo campo se situó en una inmensa zanja de veinte metros de anchura por casi sesenta metros de longitud. En aquella zanja cavada por manos humanas, el trabajo había sido considerable. Allí debíamos, bajo un piso

(1) El dato es importante.

de tierra y de residuos de talla, despegar dos magníficas estatuas de diez metros de largo. Eran las mayores estatuas jamás exhumadas, y su belleza, la pureza del labrado de la piedra, eran deslumbrantes.

Observamos varios detalles que no podíamos apreciar en las otras estatuas, deterioradas por la erosión. Además del dibujo de la oreja, las aletas de la nariz y la indicación del labio superior estaban tratados con una sobriedad y una maestría admirables.

Esas estatuas de la primera época aparecen totalmente blancas y de una extraordinaria pulimentación. Pero lo más notable eran las dos manos juntas a la altura del ombligo. La pureza y elegancia de aquellas manos mostraban, además, sin asomo de duda, lo que el sabio Stéphane Chauvet había señalado ya con interés. Las dos manos terminaban en uñas desmesuradamente largas y afiladas, detalle harto inquietante en el arte polinesio. Ahora bien, todas las estatuas que íbamos a descubrir serían semejantes.

Aquellas manos de largas uñas, dispuestas, además, en la posición de meditar, tienen un carácter de lo más insólito si se piensa que tal práctica solamente existió en China y entre los iniciados incas, la cual representaba el signo del conocimiento, de la reflexión, de la no exigencia del trabajo manual.

No tenemos más que una sola información que se refiera a esa práctica en la isla de Pascua. Algunos niños, de los que volveremos a hablar, estaban encerrados en grutas a fin de conservar la blancura de su piel. Una vez iniciados, debían dejarse crecer las uñas.

Es probable, pues, que las estatuas de la primera época, con sus símbolos dorsales, sus manos prolongadas por uñas crecidas (características que desaparecen o degeneran en las estatuas de los *Ahu*), son representaciones, no de personajes divinizados, sino de la imagen del Dios primero.

En aquella excavación hallamos a sesenta centímetros, en estratigrafía, un importante yacimiento de carbón de leña que podría, en rigor, darnos una fecha aproximada de la paralización de la talla de estatuas. Los sondeos que efectuamos siguiendo la pendiente nos dieron la certeza de que el acantilado está enteramente esculpido de *Moai*, lo cual condiciona de nuevo toda la arqueología de la isla.

Pero la mayor excavación que efectuamos iba a extenderse sobre más de setenta metros de longitud y cinco de profundidad. Nos había de deslumbrar y aportar una certidumbre.

El primer desmonte sobre un metro de profundidad nos permitió descubrir los primeros vestigios de dos *Moai*, sumamente interesantes.

Descubrimos, en primer lugar, una estatua barbuda, esculpida cabeza abajo y de una factura perfecta. Siempre recordaré la admiración que nos invadió cuando quitamos la última capa de cascotes que tapaba la espalda del barbudo gigante. Era una escultura maravillosa. Una espalda de Praxíteles, con la pureza de una piedra perfectamente pulimentada.

Nuestro segundo asombro fue el descubrimiento de la más voluminosa de todas las estatuas, de diez metros y medio de largo por cinco de ancho, un monstruo en uno de cuyos ojos yo podía haber dormido. A su alrededor descubrimos una profusión de estatuas entremezcladas. Bajo el saliente de gruta tallado que dominaba toda la excavación, descansaba un gigante cuyo cuerpo estaba sembrado de grabados. A sus pies, tallado en la roca podrida, había un *Moai* medio terminado y abandonado en curso de ejecución.

Reposando contra éste y dominándolo con su enorme vientre, estaba nuestro gigante, sobre cuya frente resbalaba una estatua pequeña de dos metros de longitud.

En oposición a este conjunto, había otra estatua, esculpida de perfil. Un laberinto de monstruos separados por los pasillos de talla y, luego, inmediatamente a sus pies, una hendidura de tres metros en la que penetramos, quitando toneladas de tierra y de escombros, para descubrir, intacta, una maravilla de casi seis metros de largo, un gigante descansando sobre la plataforma de un vasto lecho de roca, que se insinuaba en suave pendiente bajo tierra. De una blancura ocre, aquel gigante aparecía en toda su perfección original.

Cuando la tierra fue quitada totalmente y la piedra lavada por las grandes lluvias y luego secada por el sol, entonces apareció un conjunto impresionante y espléndido. Nuestros amigos pascuanos acudían a caballo para contemplar los descubrimientos y la labor, que apreciaban, pues trabajábamos, lo mismo que nuestros compañeros, a pico y pala. Aquel sudor, aquella fatiga tenían para nosotros el esplendor del gigantesco trabajo de los tallistas de dioses gigantes. Revivíamos un tiempo incomparable. Aparte el descubrimiento de las estatuas entremezcladas, verdadera escalera de vida a todo lo largo del acantilado, una cosa se nos aparecía particularmente impresionante y anormal. ¿Cómo era posible que aquellas estatuas estuviesen en la parte baja cubiertas de cascotes y tierra, en tanto que arriba, a más de sesenta metros, otras esculturas estaban desprendidas y prontas a abandonar su cueva? O acaso los hombres habían comenzado por esculpir el acantilado desde arriba y trasladado las estatuas siguiendo la pendiente y entonces las estatuas de abajo eran anormales, o bien habían esculpido el acantilado partiendo de la base, y entonces, ¿por qué las estatuas que acabábamos de descubrir no fueron terminadas y evacuadas a medidas de que iban siendo realizadas?

Un análisis más profundo nos hizo notar rápidamente que todas las estatuas esculpidas en la cima del acantilado, y ello en todo el contorno, eran de un estilo menos cuidado y, sobre todo, de una calidad inferior de piedra. Pertenecían al segundo período.

Aquello tendía a confirmarnos en nuestra opinión: hubo efectivamente, dos períodos, dos migraciones, y la cantera debió de haber estado abandonada durante años. La erosión, partiendo del pie del acantilado, debió de cubrir la primera cascada de gigantes. La segunda migración, en presencia de aquellos gigantes erguidos, asimiló, transformó y degeneró aquel arte magnífico. Construyó los *Ahus* y, por un curioso traumatismo, colocó aquellos dioses de

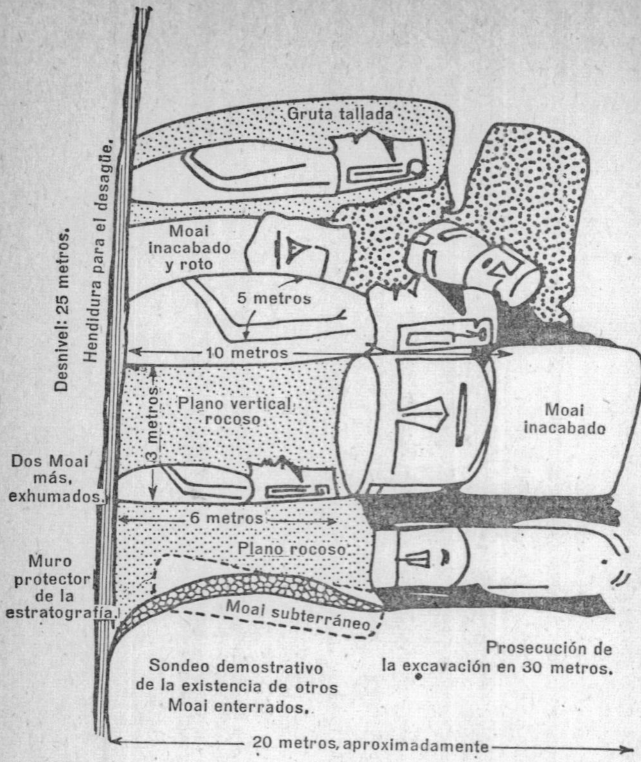

adopción en la plataforma, como en Polinesia. Pero al igual que a todo lo largo de la historia, trátese de Grecia adoptando el arte egipcio, o de Roma degenerando el arte griego, o, por último, del arte céltico extraviándose en el románico de importación, el arte de los iniciados había degenerado, como las estatuas de los *Ahu*.

Abrió los ojos a la realidad de los hombres.

Todo ello corroboraba la tesis de Heyerdall y particularmente las investigaciones que él había efectuado en el más maravilloso *Ahu* de Vinapu. Habían existido dos grandes períodos de construcción y un tercer período de destrucción, el período histórico.

Y fue precisamente durante el segundo período cuando las estatuas fueron colocadas en los *Ahu* restaurados.

Avanzábamos paso a paso y nos sentíamos felices, cuando enojosas noticias nos llegaron de Honga-Roa.

A causa del mal tiempo que se avecinaba, el anclaje en Honga-Roa se hacía peligroso, y los hombres de guardia a bordo de nuestro barco no podían más.

Había que escoger. La única solución posible era que nuestro queche llegase a Tahití y volviese a recogernos seis meses después. Era un viaje impresionante, y los dos compañeros que permanecían a bordo no podían zarpar sin la ayuda de otro marinero (1).

Tuvimos que personarnos en casa del gobernador y plantearle el delicado problema de autorizar a un pascuano a abandonar su isla. Todo el mundo quería irse. El gobernador estaba muy apurado, pero no podía rechazar una ley internacional. Hacía más de tres meses que esperábamos una autorización para practicar excavaciones —que jamás llegó—, y, cosa sin-

(1) Era un viaje de diez mil kilómetros, ida y vuelta.

gular en ocho días el asunto quedó arreglado. Tuve que firmar, al igual que el capitán, un curioso documento por el cual nos hacíamos enteramente responsables de los hechos y gestos del pascuano que íbamos a llevarnos. Sin documentos de identidad, pues los indígenas no los poseen en la isla de Pascua, en adelante teníamos que responsabilizarnos de él, como si se tratara de un hijo. Ahora bien, el tal niño había rebasado la cincuentena.

La aldea vivía presa del nerviosismo: uno de los suyos iba a conocer Tahití... ¡el sueño!

El gobernador y, sobre todo, el cura, que sin cesar vilipendiaba la moralidad de Tahití, no compartían la alegría de nuestros desdichados amigos.

La víspera de la partida, fui citado por el «jefe militar gobernador de la isla de Pascua», quien me dijo que, no teniendo respuesta de su Gobierno, se veía obligado a prohibirme la prosecución de las excavaciones, pero que me autorizaba («entre latinos») a terminar la tapia de protección que yo quería levantar para que la estratigrafía no resultara destruida para siempre.

Toda la aldea estaba consternada. El doctor y numerosos amigos chilenos acudían a nosotros para disculparse. Estábamos asqueados y nos sentíamos desgraciados, sabedores de que, si hubiésemos podido dirigirnos en avión a Santiago de Chile, probablemente todo hubiese acaecido muy distintamente, pues conocíamos la cortesía chilena.

Sí, nos sentíamos desgraciados, perdidos en la isla más aislada del mundo, frente a un grupito de personajes más bien ariscos. El cura alemán estaba bastante «acomplejado» por nuestra presencia, el gobernador bastante molesto, y un personajillo asmático que súbitamente se había constituido en responsable de la arqueología chilena, bastante deshonesto.

Pero como éramos extranjeros debíamos doblegarnos ante aquellos soberanos de la isla de las ovejas. Durante seis meses, íbamos a aprender a sonreír.

Habíamos descorrido un velo apasionante y nos quedaba todo por hacer: estudiar la meseta de Poiké, el curioso foso de los Orejas Largas, Orongo y, sobre todo ver los famosos tesoros de las grutas.

El resultado fue maravilloso; la población nos abrió todas las puertas que durante largo tiempo estuvieron cerradas a otros.

Nuestra embarcación zarpó por la tarde. Era emocionante; toda la aldea estaba reunida para contemplar la gran partida y todos los niños habían acudido a admirar a aquel que iba a realizar el sueño de ese pequeño mundo: ¡Vivir libre en Tahití!

Aquella misma noche nos fue ofrecido el más bello testimonio de amistad. En nombre de nuestros amigos indígenas recibimos el famoso cuaderno que Thor Heyerdall tanto había codiciado.

Era un cuaderno amarillento por los años, que contenía, además de textos notables, la traducción en pascuano de casi todos los signos

Rongo-Rongo dibujados, a su vez, con gran esmero.

Era formidable. Exactísimo.

Examinando de más cerca aquel cuaderno, terminado en 1936, nos percatamos de que era la obra copiada del informador de Miss Routledge en 1915. Poseíamos un documento excepcional.

El contento de aquellas gentes dejó traslucir pronto la noticia y, rápidamente, fui convocado de nuevo, en términos descorteses, para manifestarme que nos estaba prohibido como se le había prohibido a Heyerdall, llevarnos objeto alguno.

Ante tal actitud y tales palabras expresé mi asentimiento, y me dispuse a vivir de otra manera.

La población, enterada de lo que ocurría, se había puesto nerviosa y quería dárnoslo todo: en cualquier caso, nos iba a mostrarlo todo.

Me quedé algunos días al lado de mi mujer para examinar su labor y, sobre todo, efectuar con ella frecuentes visitas a los leprosos ancianos, cuya desesperación jamás olvidaré. Nos agradaba a mi mujer y a mí, ver su expresión de felicidad cuando les visitábamos a veces por espacio de varias horas.

Mi mujer, admirable como siempre, se ocuparía ahora de los hijos de nuestro marinero pascuano, a quien habíamos prometido atenderles lo mejor posible.

Moraríamos en su casa. Una gran familia se agrupaba en torno a nosotros. Cada noche transcurrían largas veladas de veinte a treinta personas, pero asimismo de veinte o treinta amigos cuyo corazón aprendía a latir de distinto modo.

Los días pasaban y debíamos darnos prisa en regresar para poner en orden nuestras excavaciones del volcán, y ello mucho antes de que viniese el invierno austral.

Postrer y triste trabajo, debíamos habilitar cuidadosamente nuestro campo de investigaciones y, con algunos sondeos, descubrir que siete estatuas más extendían nuestro descubrimiento. Teníamos la certidumbre de que el acantilado estaba esculpido en la parte baja.

Nos restaba filmar nuestra labor, tomar todos los clichés y, acechando el sol, contemplar la inmensidad de aquel paisaje infinito que sirve de ensueño a la mirada moviente de las estatuas.

Esa mirada sin órbita es extraña, se abre y se cierra al ritmo de las horas del sol. Ahí está, acaso, toda la magia y la elegante belleza de esos gigantes sin pupilas.

Aquellas horas de vigía en la cima del acantilado no podremos olvidarlas, pues, en el silencio y el vacío de esa isla muerta, hemos sentido una muy diferente pulsación de la vida.

Nos restaba, antes de que se abatiese la gran lluvia fría, recorrer otra vez la meseta de Poiké, donde un amigo indígena acababa de indicarnos la presencia de extrañas estatuas.

Al alborear, ensillábamos los caballos y a brida suelta salvábamos los pocos kilómetros que nos separaban del vertiginoso acantilado de Poiké. Allí la panorámica era admirable, pues dominábamos, por un lado, el inmenso cráter de Rano-Raraku justo a la hora en que el sol rozaba las aguas del lago que mira el cielo, y del otro, la inmensidad del mar royendo infatigablemente la escarpadura.

Durante días hubimos de vagar por aquella meseta desierta y descubrir, en la llamada «tierra desierta», una cantidad impresionante de aldeas de una contextura muy diferente. Allí, seguramente, había vivido o se había refugiado otra población. Tal vez los famosos «orejas largas».

Aquel era nuestro drama. Hubiéramos querido hacer allí importantes excavaciones, pues la presencia de aquellos restos de aldea jamás había sido estudiada.

Un día, nuestro amigo nos condujo a un minúsculo *Ahu* completamente soterrado, pero de aquel cementerio emergían notables estatuas, pequeñas, pero de piedra y de rasgos terriblemente diferentes. La piedra, sumamente dura, era de la que en otros tiempos sirviera para hacer los *Toki*, esas bellas hachas de piedra, que, curiosamente, reciben el mismo nombre en Araucania y en las Gambier. Pero, aparte el tamaño de aquellas estatuas, lo más notable eran los rasgos, de extrema dureza y extraña presencia. Creemos que aquéllas fueron las primeras.

¿Quiénes fueron aquellos hombres que moraron en la meseta de Poiké? ¿Venían de Polinesia o de las Américas? ¿Quién sabe? Habrá que desfondar el suelo de esta isla para descubrir los orígenes, pero fue sin duda en Poiké donde se desarrolló el gran drama. Aquí vivieron y se refugiaron los descendientes de la primera raza. Las hachas y las piedras de las chozas que hemos descubierto aquí son diferentes, las aldeas son diferentes, los grabados rupestres son diferentes y hasta esa extraordinaria y enorme cabeza esculpida en el acantilado es diferente.

¿Por qué las dos grutas más notables miran hacia el Este y están ahí, hincadas en vanguardia sobre el acantilado de Poiké? Aquí es, sin embargo, donde se desenvolvía el rito más extraño, aquí donde los niños de ambos sexos permanecían encerrados en la oscuridad para conservar la piel blanca, para dejar que creciesen sus cabellos y uñas, para guardar su virginidad y adquirir otro conocimiento. Les llamaban los *Neru* y sabemos un canto que dice:

¡Cabeza color de tierra,
caverna de los antiguos Neru,
caverna de los Otros!

Poco sabemos, pero ese rito y ese final de cántico decía «caverna de los Otros».

Sabemos que esa costumbre existía en los Andes y que también existió en Mangareva. Entonces, ¿qué? Habrá que encontrar otros indicios, hallar cráneos, hacer una antropología comparada. Todo eso habrá que descubrirlo, mas para ello sería necesario permanecer durante años en esta isla y vivir en completa libertad.

CAPÍTULO XIII

LA MUERTE DE LA RAZA DESCONOCIDA

La trinchera de Poiké

Extraña meseta de Poiké que se inclina y que, cara al Rano-Raraku, termina en un curioso reborde que oculta una leyenda. Muchos autores, entre ellos Heyerdall, apoyándose en la leyenda de la exterminación de los orejas-largas, se han fijado en ese pasado; otros, como Alfred Métraux y algunos geólogos, piensan que esa trinchera no es más que la consecuencia de un pliegue natural debido al contacto de dos capas de lava.

Es cierto que esa hendidura que, al separar completamente la meseta de Poiké del resto de la isla, se extiende en casi tres kilómetros de longitud, tiene por qué plantear una grave interrogación. ¿Fue en verdad creada o utilizada por el hombre? Hubimos de estudiarla en toda su longitud y hacer dos sondeos a cinco metros de profundidad.

Antes de que podamos dar ciertas conclusiones personales, debemos citar la leyenda de la guerra de exterminación de los Hanau-Eepe y de los Hanau-Momoko, leyenda que requiere varias observaciones.

Dice: «La isla estaba dominada por Hanau-Eepe, los orejas-largas. Ellos construyeron los *Ahu*. Los Hanau-Momoko, los hombres de orejas pequeñas, trabajaban para aquéllos.

»Tras haber hecho arrojar al mar todas las piedras de la meseta de Poiké, los orejas-largas ordenaron a los Hanau-Momoko que hicieran lo mismo en toda la isla, a fin de poder plantar en todas partes.»

Se impone una primera reflexión: nos cuesta creer en esa posibilidad de haber desembarazado de todas sus piedras la meseta de Poiké. Parece más bien que la formación es natural, pues el volcán no estalló, sino que levantó la península inflando la tierra.

«Los Hanau-Momoko se negaron, diciendo que necesitaban aquellas piedras para cocer sus alimentos y para que creciesen mejor los *taros*. Ante aquella negativa, los orejas-largas se retiraron a Poiké y cavaron una inmensa zanja que llenaron de ramajes, cañas y hierbas, en previsión de un ataque. Prevenidos por una mujer Hanau-Momoko casada con un orejas-largas, los Hanau-Momoko decidieron pasar al ataque a una señal convenida. Cuando viesen a Moko Pingei ponerse a trenzar una cesta, deberían, de noche, infiltrarse en la meseta de Poiké bordeando el acantilado. Después, otros Hanau-Momoko atacarían frontalmente el atrincheramiento. Y así se hizo. Los orejas-largas pegaron fuego a la trinchera, pero fueron súbitamente atacados por la espalda y solamente tres pudieron escapar de las llamas a las cuales fueron precipitados.

»Perseguidos por los Hanau-Momoko, aquellos tres supervivientes se refugiaron en una caverna de Anakena. Dos de ellos fueron matados con largas lanzas de obsidiana, pero el último, sintiéndose morir, lanzó este grito que resonó hasta el fondo de la gruta: "Orro, ororo." Fue perdonado y recibió el nombre de Ororaina. Casó con una mujer Hanau-Momoko, de la cual tuvo numerosa descendencia.»

He aquí, sucintamente relatada, esa leyenda que, personalmente, me deja muy escéptico. Parece ser que ha sido inventada de punta a cabo. Pues, la verdad, aquel fuego que se extendía más de tres kilómetros y todos los orejas-largas precipitados dentro... Había que comprobar la hipótesis de la trinchera. Hicimos grandes excavaciones de cinco metros de profundidad. Encontramos inmediatamente la capa de tierra roja intercalada en varios metros, ya descrita por la misión noruega, alguna leña menuda calcinada o, más exactamente, raíces de plantas, pero en absoluto rastro alguno de fuego provocado, de horno en el que hubiesen perecido hombres. Nada. Sí, hubo, y repetidas veces, incendios de matorrales en la península de Poiké. Toda la hierba, todos los escuálidos arbustos habían ardido, como todavía sucede cuando hay sequía. Después, con los años, hubo socavones, desmoronamientos, y todos aquellos restos se encontraron amontonados en la hendidura natural al pie de la meseta de Poiké. Creemos en verdad que Alfred Métraux tenía razón. Entonces, ¿qué? Un descendiente de los orejas-largas (1) nos dio, un día, una información diferente que suscitó nuestro interés.

Dijo que los Hanau-Momoko se sublevaron contra los Hanau-Eepe y ello por iguales razones, pero precisando: «Los Hanau-Eepe eran aproximadamente un centenar y, al refugiarse en Poiké, fueron cercados en una batalla y precipitados desde el acantilado que, en el extremo sur de la hendidura natural, domina Hotu-Iti. Allí fueron exterminados y asados en un horno llamado Ko te umu o te hanau Eepe. Sus tierras fueron calcinadas y hubo un festín caníbal...»

Nos parece que esta tradición es más plausible, pero solamente un informador nos la ha confirmado (2).

Un hecho es cierto, y nos interesa en sumo grado. Aquellos Hanau-Eepe eran los escultores de la cantera y fue probablemente en aquella fecha cuando el trabajo se paralizó bruscamente. Aquello debió de ocurrir hace aproximadamente dos siglos y medio.

De aquellos que han sido llamados Hanau-Eepe, los orejas-largas, o, más exactamente, los hombres corpulentos, no sabemos la procedencia. Pero tal vez la leyenda que hemos recogido sobre el viaje de Anua-Motua explique verdaderamente la llegada de aquella otra raza. Nuestro informador dijo, y estas precisiones son interesantes: «No fue en tiempos de Hotu-

(1) Uso aquí deliberadamente la palabra orejas-largas, pues así es como la leyenda nos fue contada.

(2) Pero ese informador es uno de los últimos iniciados de la isla.

Matua cuando vinieron los Hanau-Eepe.» El rey de aquí cuando llegaron era Tu'ukoiho.

Detalle interesante, pues según la genealogía real que nos fue transmitida en el cuaderno cuando la partida de nuestra embarcación, ese nombre figura en quinto lugar después del de Hotu-Matua; es decir, si fijamos las generaciones en veinte años aproximadamente, un siglo después de la llegada de Hotu-Matua. Pudiera ser en vista de la concordancia de fechas, que la segunda migración hubiese tenido lugar en aquella época.

El informador añade: «No había ninguna mujer, solamente hombres, numerosos, que habitaban Poiké.»

Ninguna mujer: es decir, la obligación de la mezcla de sangres, de donde la posibilidad de cohabitación y trabajo de ambos grupos.

Transferencia de hábitos: por ejemplo, la distensión de las orejas, que continuó mucho después de la destrucción de los orejas-largas, salvo uno.

Aunque estemos obligados a dudar de algunas de nuestras conclusiones, debemos tratar de establecer una cronología relativa, que tal vez nos permitirá, en el curso del relato, sea rechazar nuestra conclusión, sea reforzarla.

1.° Según la genealogía que poseemos desde la llegada de Hotu-Matua a la muerte del pequeño rey Gregorio, habrían transcurrido aproximadamente seiscientos años. Creemos que los hombres de Hotu-Matua procedentes del perímetro de las islas Marquesas abordaron la isla hacia el siglo XII.

2.° Según la genealogía de Tuu Kiho, la

segunda migración de los Hanau-Eepe llegó a Matakiterani a fines del siglo XIII.

3.ª A tenor de las genealogías de los descendientes de los orejas-largas que viven actualmente en la isla, el exterminio de aquel pueblo tuvo lugar hacia 1760, lo cual nos da una fecha bastante notable, pues Roggeween, en 1722, señala las estatuas de pie, y Cook, en 1774, su destrucción parcial.

Los orejas-largas habrían pues, trabajado y habitado aproximadamente 350 años con los hombres de Hotu-Matua. Nos quedamos aquí, pues, en las normas del tiempo necesario para la elaboración de una necrópolis semejante.

Si esas fechas aproximadas pudiesen ser comprobadas con certeza, tendríamos una primera cronología de la isla del Ombligo del Mundo.

Esas fechas entrañan una certidumbre: ambas migraciones fueron polinesias, pero no nos indican en absoluto si la hubo anteriormente, ni cuáles fueron los hombres que construyeron Vinapu y las estatuas del primer estilo. Acaso acudieron de una dirección muy distinta.

Las lluvias anunciaban el invierno austral que se impone con violencia sobre Matakiterani. Debíamos mantener nuestro campamento algún tiempo, a fin de ver si los desagües que habíamos previsto en el terreno de excavaciones estaban suficientemente afianzados y, además, insistir en el paraje de Hotu-Iti donde yacen los escombros del Ahu Tonga Riki, que fue uno de los más bellos con sus quince estatuas y que, desgraciadamente, quedó totalmente destruido por el maremoto que siguió, en 1960, al temblor de tierra de Chile.

Ese Ahu, repetidas veces descrito por diferentes autores que tuvieron la suerte de contemplarlo cuando las estatuas estaban solamente derribadas, subsiste con el aspecto de un cataclismo. El maremoto de 1960 se extendió en 600 metros de profundidad, anegando de escombros la llanura de Hotu-Iti. Espectáculo lamentable, pero que hace meditar, pues, si al principio de este libro, hablábamos de un movimiento plutónico violento capaz de haber modificado la geografía de ciertas islas, ahora teníamos aquí el ejemplo más reciente. Según los indígenas, el relieve de la costa no había quedado muy modificado, pero la fuerza de las tres oleadas sucesivas fue tal que los *Moai* gigantes, los más bellos de los *Ahu Moai,* fueron arrastrados y volcados a unos cien metros de distancia.

Ahora bien, aquellos *Moai* tenían de siete a nueve metros de altura y debían de pesar de veinte a treinta toneladas. Algunos se quebraron, otros quedaron intactos, tendidos de espaldas, con los grandes ojos abiertos al cielo.

Era para nosotros un espectáculo tan extraordinario como el descubrimiento de *Moai* en lo más hondo de nuestra excavación. Pero éstos tenían los ojos abiertos, y sus cabezas y vientres, hundidos hacía casi dos siglos, aparecían blancos y lívidos al sol. Estaban muertos y vivos como espectros salidos de las grandes tumbas de piedra, pues algunos habían sido arrojados a las cámaras funerarias despanzurradas de donde surgían desfigurados.

Desde el mar, teníamos la maravillosa vista de un gigante tumbado de espaldas, que recortaba su silueta sobre el gran acantilado desmoronado del Rano-Raraku. Mirando su cadáver, no podíamos sino pensar en esta maldición lanzada en tiempos a esas estatuas de Tonga Riki: «¡Un día, el mar os recuperará!» Había allí un amontonamiento de losas finamente labradas y pulimentadas, de una piedra que los indígenas afirmaban conocer pero que yo no había visto nunca en la isla. Una de aquellas losas era particularmente notable. Tenía aproximadamente un metro de ancho por cinco de largo. Era una obra maestra de arquitectura, con sus caras laterales ligeramente biseladas, para que la juntura fuese perfecta. Aquel monumento debía de ser esplendoroso.

Las grandes lluvias comenzaron a abatirse, violentas, con las heladas rachas del viento antártico. Por la noche, en el campamento, la tienda empezaba a bailar peligrosamente en su telaraña de tirantes. El viento alcanzó fuerzas 10 y 11, y teníamos que levantar la tapia de protección si queríamos aguantar en el campamento una o dos semanas más. Pero aquellas noches habían sido algo trágicas y maravillosas, aquel aullido del viento empujando los cúmulos, insinuándose en los porches de las grutas, dejando la noche a imagen de los *Aku Aku.* Nos alegraba conocer aquella isla bajo un aspecto que pocas expediciones han visto, pues no solían permanecer más que durante el buen tiempo.

Nos alegrábamos, asimismo, de que nuestro buque hubiese partido, pues el mar enfurecido rompía contra los espolones de lava, repercutiendo sus bramidos hasta el interior de nuestra vivienda de lona.

Hay que conocer esta isla durante el invierno austral, que aquí dura de cuatro a cinco meses. El aspecto es totalmente diferente; la isla se convierte en la tierra del otro extremo del mundo, el archipiélago de las Shetland. Su aspecto permite comprender todo el extraordinario traumatismo que aquellos polinesios de las islas de la felicidad experimentaron cuando se supieron prisioneros para siempre de estos volcanes. Entonces fue cuando íbamos a comprender el refugio de las grutas y hasta el aspecto asfixiante de las primeras casas- piraguas. El frío, la lluvia, la soledad y a veces la impresión de que la isla va a reventar bajo la presión de las olas.

Cada noche, una vez encendida dificultosamente la lumbre, bajo el saledizo de la choza, comíamos juntos y nos quedábamos charlando, sintiendo aquel mundo tan fuerte y, evidentemente, discutiendo acerca de las grutas secretas. También a veces salíamos de noche para visitar ciertas grutas que nuestros amigos preferían mostrarnos entonces, por miedo a ser observados. Con frecuencia, el director del *Fondo,* o sea la cría de ovejas de la marina, uno de los escasos civiles de la isla, por lo demás, muy querido por la población, acudía a vernos en plena noche. Cuando percibíamos los faros de su jeep, traquetando y vacilando en los bloques de lava, nos alegrábamos, pues, al igual que nuestros amigos indígenas, le adorábamos. Nos traía siempre de Hanga-Roa, sea un poco de pan, sea una carta de mi mujer, ya un obsequio suyo. Permanecíamos juntos hasta que los faros alumbraban de nuevo la pista y volvía la gran noche de estrellas. Nos dormíamos al ruido del viento y de la lluvia que restallaba sobre la tienda.

Durante el día, nos dirigíamos al volcán a ver las excavaciones que la lluvia limpiaba dejándolas relucientes. Cuando el aguacero se repetía, era un espectáculo luminoso ver aquellos regueros discurriendo de un gigante sobre otro.

No nos cansábamos de vivir al pie de aquellos gigantes; estábamos embrujados por la belleza.

Las excavaciones iban adquiriendo magnificencia, el inmenso terraplén de tierra se apisonaba, se combaba como la techumbre de una casa-piragua, y la hierba crecía por todas partes, delimitando las impresionantes zonas de rocas esculpidas.

Aprovechando los escampos, recorríamos en todos sentidos el dédalo de estatuas. A veces nos quedábamos durante horas cobijados bajo el torso de un gigante, dejando que la lluvia se abatiese sobre aquel mundo muerto y, cuando todo se paraba, la vida renacía sobre la faz de los gigantes, que, tumbados, con los ojos llenos de agua, parecían contemplar, llorosos, un cielo en el que el sol transfiguraba de golpe el color de las lejanías inolvidables.

¡Fascinante espectáculo el de aquellos ojos llenos de agua purísima, súbitamente agitada por el viento!

«¡Matakiterani!», me decía el amigo Teao. La isla estaba transfigurada, era grave y bella como Bretaña en invierno.

Los hombres tenían el rostro duro, tenían frío, pero menos que sus hijos, para los cuales pedían hacía años al gobernador jefe militar de la isla de Pascua que les vendiese un poco de lana para hacer colchones. ¡Siempre negada! ¡Claro! Siete toneladas de lana al año, nada para los pascuanos, todo para la Naval, que lo vende al mercado de Londres. ¡Racismo!

Los sacos de dormir y las mantas nos servían para convertir nuestra tienda de campaña en un remanso de paz, y felices, reconfortados, podíamos levantarnos por la noche para ir, como decíamos, «de grutas».

CAPÍTULO XIV

MUNDO SUBTERRÁNEO—MUNDO SECRETO

Era la primera vez que íbamos a descubrir una gruta escondida. En la isla hay miles de grutas que sirvieron de refugio, de casa, de tumba, pero son diferentes a las grutas secretas cuya entrada nadie puede encontrar.

Una noche, debíamos ir a explorar una de aquellas grutas situada en la llanura de Hotu-Iti. La noche era clara, no se necesitaba linterna; al cabo de media hora de marcha nos encontrábamos a pie de obra. Con precaución, para no romper nada ni dejar huellas, un amigo apartó los helechos, rascó ligeramente la tierra y aguardó. Teníamos que vigilar la noche, turbada a veces por el galope de un caballo asustado. Nada, excepto el viento. Entonces, despacio, quitó una losa de piedra, luego otra, muy bien ajustada en una entrada pavimentada. Se dibujó un magnífico pasadizo, sumamente angosto, justo de la anchura de un cuerpo, y bordeado de losas perfectamente labradas. Uno de los nuestros se quedó de vigilancia afuera. En cuanto estuvimos en el interior, encendimos las antorchas. Era una pequeña gruta de diez metros de fondo, pero en la cual, de momento, no se podía apenas estar de pie.

A ambos lados del enlosado pasadizo de entrada había una tapia de piedra perfectamente empotrada bajo la bóveda. A primera vista, no se descubría nada, pues la gruta había quedado llena de barro cuando el maremoto de Hotu-Iti. Inmediatamente empezamos las excavaciones, que habían de durar seis días o, más exactamente, seis noches.

No pudiendo echar los cascotes fuera, decidimos comenzar por el fondo y empujar la tierra hacia la entrada. La capa de barro no excedía de cuarenta centímetros de profundidad y, rápidamente, partiendo del fondo que terminaba en ábside, tocamos el piso. Poco a poco se iba descubriendo una extraordinaria alfombra de piedra pulimentada por la mano del hombre, curiosamente dividida por un regato central de diez centímetros de anchura por ocho de profundidad, al que afluían profusión de delgados regueros, cuyo conjunto se perdía en la convergencia extrema de la bóveda y el pavimento. Cosa extraña, el regato estaba lleno de *kiea*, esa extraordinaria tierra roja con la cual hombres y mujeres se pintaban el cuerpo, pero que también servía para curar heridas y se aplicaba sobre el cordón umbilical recién cortado.

Cuanto más descombrábamos, más veíamos aparecer un verdadero pavimento de mármol pulimentado. Brillaba a la luz de las lámparas como una hoja cubierta de rocío sobre la que destacaban sus nervaduras, rojas de *kiea*.

Así, tras un estúpido ir y venir obligatoriamente estúpido, descombramos toda la gruta, que estaba formada por una gran vejiga de lava. Estábamos en presencia sea de una caverna-hospital, sea de un lugar de iniciación. Pero aquella masa de *kiea* llevada allí y extendida después, nos intrigó. Teníamos que rebuscar más, en los escombros, en las anfractuosidades de las paredes, en el muro de entrada, y aquí fue donde íbamos a encontrar un objeto maravilloso, único en la isla de Pascua, y que hará comprender a ciertos investigadores que dudemos en tomar en consideración solamente la población polinesia de la isla. Era una estatuita de basalto de treinta centímetros, de la que desgraciadamente, faltaba la cabeza, y que representaba, en un estilo admirable, el parto de una mujer. Todos mis amigos exclamaron: «¡Éste era el sitio donde las mujeres venían a dar a luz los hijos de los reyes!» No lo sé, pero sí sé con seguridad que estábamos ante una especie de hospital que probablemente sirvió para los partos. Por lo demás, luego hallaríamos profusión de tijeras de obsidiana que, habida cuenta de su especialísima forma, debieron de haber servido para fines quirúrgicos.

Fue el primer descubrimiento de ese género registrado en la isla de Pascua. Pero lo grave e insólito era aquella estatua de mujer, cuya fotografía reproducimos. Desgraciadamente, nos faltaba la cabeza, que hubiera podido ayudarnos considerablemente a atribuirle estilo y origen. Noches enteras la buscamos entre los cascotes. De todas formas, la rotura era muy antigua y tenía la pátina del resto de la figura.

La cabeza debió de haber sido rota mucho antes. ¿De dónde procedía aquella estatuita?

A lo largo de este libro deberemos titubear entre ciertas conclusiones, pues si esa estatua no fuese única en la isla de Pascua, el problema sería distinto.

Igual sucedería si hubiésemos hallado alfarería que buscamos y rebuscamos, acordándonos de lo escrito por Roggeween, el primer europeo:

«Para preparar el condumio, se sirven, como nosotros, de vasijas de barro.» Son estos débiles indicios los que pueden ponerlo todo de nuevo sobre el tapete.

Era la primera caverna prohibida que podíamos ver. Íbamos a descubrir otro mundo, el reino subterráneo. La última noche, todo fue cerrado cuidadosamente, los helechos aplastados y la caverna iba a dormir tranquila, tal vez para siempre.

La lluvia se tornaba más violenta, más frecuente, y el frío también. Dentro de poco abandonaríamos el campamento. Nos quedaban algunos días, que empleamos trepando cada día al galope la tierra desierta.

Allí, cuando había llovido con violencia, encontrábamos a veces, plantadas como chimeneas de hadas, ya *tokis* o hachas de piedra, ya piedras de habitáculo. Recorríamos la meseta, donde, empapadas y estupidizadas, vagaban alrededor de diez mil ovejas, que se asustaban ante nuestros caballos y se precipitaban balando en el eterno desierto que devoran cada día.

Mañana, el jeep del director del *Fondo* ocudirá a ayudarnos a levantar el campo.

Nos queda una última jornada que vivir en este desierto gigantesco. Dos cosas que ver. En un altozano, cara a la bahía de La Pérouse, nuestros amigos nos llevan a descubrir una notable casa-piragua cuyos enormes basamentos de piedra estaban enteramente grabados (1). Era la única de semejante tamaño y de una factura tal que vimos en toda la isla. Habida cuenta del tamaño de los basamentos y su situación, aquella casa debió de haber sido una de las más hermosas de la isla, y no ceso de imaginar aquella arquitectura tan eternamente nueva, inscribiendo su línea en aquel paisaje de quebraduras.

Última peregrinación al volcán. Era terrible abandonar a aquellos hombres de piedra, mudos para la eternidad, y los otros, tumbados, que habíamos sacado a luz.

Ya no llovía y el acantilado se iluminaba con mil matices; aquí y allá, charcos de agua reflejaban los rostros móviles de los hombres del silencio; aquí y allá, en el cielo, las nubes se juntaban en espera de la lluvia.

Yo estaba allí, contemplando el rostro de un gigante todo él punteado de agujeros, como si padeciese una extraña viruela. Uno de mis

(1) Habría que exhumar esas piedras a fin de estudiar mejor la escultura, que me parece anormal.

amigos me miraba, examinando silenciosamente aquellas marcas.

—¿Sabes lo que significa eso, Francis?

—No.

—Los que estaban tatuados con puntos coloreados en la cara eran los sabios que estudiaban el cielo.

Aquel cielo coloreado de puntos de estrellas para nuestra última noche que sólo fue silencio.

Al alba, desmantelamos el campamento; la lluvia se avecinaba y esperábamos el jeep, pasmados como niños que acechan el autobús al salir de la escuela.

Íbamos a tomar la pista del retorno, hacia la aldea de los hombres, pero detrás de nosotros, como para disimular la vista de aquel acantilado de los dioses, nuestros amigos caracoleaban, seguidos de un tropel de caballos salvajes, levantando la tierra de la isla que ya no es más que polvo.

Un alto en Vaitea, la granja de la marina.

Aquí, hay un poco de agua, por lo que cuando la Compañía inglesa poseyó esta isla estableció su central ganadera. Muchos eucaliptos cambian el paisaje y le dan cierta dulzura, como las flores en torno a la casa del amigo chileno cuyo recuerdo guardamos. Mucha delicadeza, un poco de sosiego y, luego, la partida hacia la pobre casa de Hanga-Roa donde mi mujer nos espera.

La pista, si me atrevo a llamarla así, serpentea a través de pedruscos hasta la puerta del campamento de Hanga-Roa. Un bocinazo y el guardián se apresura a abrir el candado. Somos blancos y pasamos rápidamente, pues tengo prisa por estar al lado de todas esas gentes queridas a las que el sol y la lluvia han dado el color de «los indios».

CAPÍTULO XV

EL CAMPAMENTO DE LOS HOMBRES

Encontrar de nuevo eso que ellos llaman la civilización, es decir, encontrar de nuevo a los subalimentados de la inteligencia, resulta penoso.

Soy convocado sobre la marcha a la jefatura militar para exponer mi plan de trabajo. «*Conforme, Señor* —Tengo simplemente ganas de estar al lado de mi mujer unos días. —*Conforme.*»

Muchas cosas deben de haber ocurrido para que esa autoridad escogida esté excitada como los generales antes de ser fusilados.

Y es la casa del viejo Pakarari, nuestro marinero, nuestro amigo, es la pobre casa donde hijos y padres se reúnen por la noche para hablarnos o escuchar nuestro magnetófono que les enseña que existe el jazz y que vivir es formidable, que sentirse libre es formidable.

—¿Qué ha pasado?

—¡Oh! Nada, nada, Francis.

—¡Sí, dímelo!

—Oh, ¿sabes?, estaba cansada de trabajar,

de ir constantemente a caballo en busca de suministro. Fui a ver al señor gobernador y le pregunté si podía conseguir, como los chilenos, carne de buey y leche.

—La leche, imposible, muy poca, reservada a los niños de los militares.

Y es verdad, los niños de colores de la isla de Pascua no tienen leche. ¡Y estamos en 1964!

—Para la carne, hay que venir a las seis de la mañana a inscribirse; tres kilos por familia a la semana.

—¡Pero si somos veinte que alimentar!

—¿Son pascuanos? Justo lo que ustedes necesitan.

De momento, eso da pena. Mucha. Luego, pasa a ser otra cosa que a veces deviene terrible.

No importa, comeremos como los pascuanos. Todo esto es verdad, absolutamente cierto, pero los raros turistas que pasan diez días al año en la isla de Pascua, los funcionarios que hacen una estancia para disfrutar de las chicas de las islas, no lo saben o no quieren saberlo.

¿Quién se atreve a decirlo a esas pobres gentes? ¿Quién se atreverá? Ahora sé que no carecen de motivos para que tengan miedo de hablar ¿Quién se atreverá a decir que durante once meses y veinte días al año las puertas de Hanga-Roa permanecen cerradas, y que se distribuye gratuitamente a la población, que evidentemente no tiene dinero, un cordero para dos personas cada mes? Pero esos corderos tienen aspecto de estar enfermos. Se esquilan y la lana es para la Naval, pero la carne que se come es viscosa y los niños sufren de ello: hay disentería crónica.

¡Para 40.000 ovejas, no hay un solo veterinario en la isla de Pascua! ¿Qué Gobierno se acordará un día de los mil supervivientes a los cuales todos debemos paz y respeto?

Pero, ¿quién se interesa hoy en día por la isla del Silencio?

Que el lector disculpe este alegato que no es más que una cuestión de honor, pues sin éste la etnología es una ciencia muerta.

Para los tres meses y medio que nos quedaban por pasar en la isla, íbamos a organizarnos la vida en la felicidad de aquellos amigos y en en trabajo delicado que debíamos finalizar.

Había llovido toda la noche y las cisternas estaban llenas; estuvimos en vela reparando los canalones hechos con latas de conserva recuperadas. Parecía ya vislumbrarse el alba cuando de pronto, rompiendo la calma de la aldea, estalló el grito, que repercutió de choza en choza: «¡Miro! ¡Miro!»

Era el mismo grito que acogió antaño a Roggeween.

¡Un barco! Y aquí, en esta isla, este grito causa una impresión muy diferente: ¡La Vida! ¡La Vida! Esto significa, aquí. Encaramados en las techumbres de las chozas, los niños parecen bailar, pues el barco es siempre la dicha, la posibilidad de poder trocar algunas esculturas por ropas, por cosas maravillosas que llegan de otras partes. Hombres venidos de lejos y que a veces hablan amablemente, despacio.

El dragaminas americano avanza buscando donde fondear.

Y se produce la loca galopada hacia la bahía: dos o tres en cada caballo, mujeres y niños con esculturas en un saco, con cañas esculpidas, collares que podrán cambiar, y que cambiarán, la vida.

Pero también nosotros estamos contentos, pues durante unas horas podremos hablar otra lengua, oír algunos *gags*. En el *warf* de Hanga-Roa se celebra la feria. Los americanos desembarcan sonrientes, sosegados, y todo el mundo se abalanza hacia ellos para tratar de intercambiar objetos... Ellos quieren caballos y es fantásticamente cómico ver a todos esos altos y desgalichados marinos cuyas piernas casi tocan el suelo, partir repentinamente al galope y perder gorros y cajetillas de cigarrillos que los isleños recogen. *¡Oké!* Y todos los pobres pascuanos se ríen, se ríen, aprendiendo a decir *¡Oké!*

Rápidamente, nos enteramos que se trata de un buque oceanográfico que lleva a bordo un destacado equipo de investigadores de diferentes disciplinas.

Como el gobernador se ha olvidado de presentarnos, hacemos avisarles rápidamente y ellos acuden en visita de cortesía.

Muy pronto entablamos confianza y, como el problema les apasiona, decidimos que al día siguiente proseguiríamos los sondeos en la trinchera de los orejas-largas.

Pusieron la misma expresión que nosotros en cuanto vieron el relieve del terreno y cuando, al recorrer la quebrada, hallamos, en dos emplazamientos distanciados, un conglomerado de polvo de carbón de leña en forma de friso ligero e ininterrumpido. No cabía duda —y era el parecer de aquel grupo de geólogos— de que estábamos en presencia de fuegos naturales o provocados no ya dentro de la trinchera sino sobre el conjunto de la meseta.

En los dos pozos de sondeo, nuestros amigos tomaron todas las muestras de una estratigrafía a veces muy clara. Fotografiadas y numeradas, debían ser estudiadas ulteriormente en la Universidad de California.

Al regreso, visitamos el campo de excavaciones de Rano-Raraku y pude darles muchas muestras de carbón de *ti* que habíamos dejado en el corte practicado cuando el despegue de un *Moai* de diez metros.

Aquellos investigadores permanecieron tres días en la aldea, y cuando les expliqué la situación de los desdichados pascuanos no cesaron de llevarles regalos y cigarrillos.

La víspera de la partida, me preguntaron si podía indicarles los mejores escultores. Decidí que sería más sencillo reunirles en una choza con todos sus objetos.

Cuando los americanos me preguntaron qué debían pagar y les dije que trajesen sencillamente cuanto pudiesen de ropa interior, calzado, jabón y cigarrillos, se quedaron estupefactos. A la caída de la noche, los investigadores llegaron a la choza de Juan, quien con toda su delicadeza, había adornado la entrada y preparado té y algunos plátanos. Todo el mundo estaba encantado y nuestros amigos americanos pasmados y emocionados de todo aquello.

Después, fue la locura: cada uno quería comprar varias esculturas, discutían entre sí, sacaban de sus sacos de marino montones de chaquetas, de pantalones, calzado, encendedores...

A la luz de las linternas, había que ver a todos los isleños probándose, entre risotadas, las chaquetas, los zapatos... Era maravilloso. Al final, todo hubo desaparecido, y un americano que quería absolutamente una cabeza de piedra esculpida, se quitó el reloj y lo dio al escultor, quien, siempre me acordaré, me miraba asombrado sin saber qué decir como un niño que mira a su padre antes de atreverse a aceptar. Todo el mundo era feliz y yo todavía más feliz de que mis amigos pascuanos hubiesen conocido a aquellos investigadores llenos de tacto y de auténtica gentileza respecto a ellos. Desgraciadamente, se marcharon demasiado pronto, dejando que las puertas de Hanga-Roa volviesen a cerrarse como de costumbre tras el paso de un buque. Silencio, lluvia y opresión volvían a caer sobre la isla.

Cada noche reuníamos en nuestra choza a todos los viejos que todavía podían saber algunos fragmentos de cantos antiguos.

Era una labor conmovedora y delicada.

Durante horas, veíamos discutir a aquellos ancianos, que se recordaban mutuamente ciertas frases del canto de los tallistas de piedra, y noche tras noche, encontraban la Tradición.

Durante más de un mes vivimos noches maravillosas al regreso de nuestras galopadas bajo la lluvia. Nos quedábamos todos en la choza, escuchando las ráfagas de viento que parecían venir a acompasar el canto recobrado. Cuando los ancianos sabían, enseñaban a los otros y entonces comenzaba la grabación.

Lento y grave, se elevaba el canto. Nadie osaba mirarse. Reinaba gran vergüenza, pues, a veces, nadie comprendía aquella letra de una lengua demasiado antigua. Cuando oíamos lo registrado, todos los jóvenes se agrupaban en la choza, silenciosos e inquietos.

La música, la llamada de un tiempo prohibido, hacía cernirse un extraño ensueño y, a veces, era entonces cuando el viejo Juan hablaba de las cavernas.

Tarde ya cuando el viento soplaba a ráfagas, haciendo crujir las frágiles armazones, unos se abismaban en la noche para volver a su choza distante, en tanto que otros, helados de frío, dejaban que el ensueño les dominase hasta el alba.

Así, poco a poco, en el encanto de aquellas veladas, seguíamos a los últimos testigos de aquella música. Pudimos grabar más de siete horas de documentos únicos.

CAPÍTULO XVI

ORONGO — OBSERVATORIO DE DIOS

Aquella aventura nocturna nos encontraba de amanecida caracoleando sobre nuestros caballos, impacientes por lanzarse a rienda suelta hacia las laderas de Rano-Kao.

Allí, íbamos a menudo a trabajar en el mágico paraje de Orongo. En la inmensa vertiente abarrancada del volcán, manadas de caballos salvajes, crines al viento, acechaban nuestra llegada, y, luego levantando géiseres de barro rojo, partían al galope hacia otras soledades.

Abajo, sobre los roquedales de Orongo, el frío viento arropaba una bruma de incomparable belleza, como el vuelo de los pájaros grabados en las rocas.

Orongo es el nombre de un viento y resuena con toda su magia en este paraje, congelado en la arista del cráter más grande. A un lado, la calma de un lago hundido bajo la turba de *totora*, y, del otro, el mar eternamente enamorado de los tres islotes que abraza.

Bob y yo pasábamos horas enteras contemplando aquellas rocas cien veces marcadas por la señal lancinante del retorno de las aves.

Allí están, hincadas como dientes caninos de una mandíbula gigantesca circundando una delicada plataforma esculpida, sobre la que se abren, en forma de estrellas, los siete corredores que conducen a las celdas oscuras.

Pasillos y chozas son minúsculas; los hombres deben entrar en ellas y vivir agachados en el silencio y la oscuridad. ¿De qué servían aquellos siete nichos de piedra?

Acaso solamente había siete hombres-pájaro elegidos para escuchar la elección del dios Make Make. Acaso, más misteriosamente, aquellos que poseían el conocimiento acudían, en el enloquecedor aliento de estas noches, a extraer aquí la premonición de los sueños.

La expedición noruega pretende ver en ello un observatorio solar. Hubiera sido un magnífico destino, pero nada invalida ni confirma esta tesis. ¿Quién sabe si la arqueología puede comprender a Orongo?

Mientras sacábamos planos y aguardábamos claros para fotografiar, nos sentíamos sobrecogidos por la prodigiosa atracción de aquel oratorio de las estrellas, y yo recordaba a menudo esta frase de Loti, escrita en la isla de Pascua: «Soy presa también de esta angustia especial que es la opresión de las islas y que ningún lugar del mundo podría causar con tanta intensidad como éste.»

Orongo termina al Este por la quebradura de la lava volcánica sumida en el mar, esperando el último choque de las olas para descubrir el espejo de su lago interior. Al Oeste, Orongo está rodeado de un conjunto de extrañas habitaciones enterradas, exactamente treinta y nueve.

Construcciones megalíticas como los refugios de pastor en Provenza o las *nouragues* de Cerdeña. Las losas han sido hundidas en el suelo y cubiertas concéntricamente por delgadas planchas de piedra que forman un techo levemente combado sobre el que tierra y hierba han vuelto a reinar.

De lejos no se ve nada, como si esas moradas de hombres-pájaro hubiesen querido respetar el juego de los vientos que surcan los pájaros. Las minúsculas entradas de esas moradas tenebrosas se abren siempre cara a los tres islotes de las aves. Todas las chozas están construidas siguiendo los accidentes del terreno que se inclina hacia el mar, y están constituidas por una superposición de losas puestas de plano, mientras que en el interior están pavimentadas con grandes losas puestas de canto. Antaño las había espléndidas, pintadas o esculpidas con figuras de Tanganta-Manu y de Make Make.

Casi todas fueron quitadas o robadas y solamente hemos encontrado unas en muy mal estado, sobre todo las pintadas, pues es preciso decir que la mayoría de techos de las chozas se han hundido bajo el peso de los animales o, más lamentablemente, por la acción de los raros turistas que conduce aquí la marina chilena.

Esas chozas, casi todas de forma oval, tienen aproximadamente siete metros de largo por dos de ancho, raramente el techo rebasa un metro sesenta. Parece ser, sin embargo, que esas viviendas se hayan encogido a la par que el suelo se llenaba de tierra, puesto que antes apenas se podía estar de pie en ellas.

Catherine Routledge dice que esas habitaciones servían en tiempos para albergar a los invitados de las fiestas de Orongo, y frente a una de ellas se encuentra el vestigio de un vasto empedrado sobre el que debían desarrollarse las danzas.

Todo ese paraje debería ser limpiado y, sobre todo, cuidado, lo cual procuraría un sano ejercicio a los soldados chilenos y tendría el mérito de salvaguardar un tesoro artístico que pertenece al mundo. Desgraciadamente, ocurre todo lo contrario.

Habida cuenta de la cantidad de esas chozas y de su tamaño, puede estimarse que casi cuatrocientas personas podían habitar este paraje cuando las fiestas de primavera. No se puede por menos que pensar en el aspecto de aquellos hombres tatuados y aquellas mujeres con capas, desafiando al viento, sobre esta arista de los vértigos.

A menudo, por la mañana, cuando subíamos al volcán, el pequeño Atan-Atan nos acompañaba, galopando a pelo sobre su caballo. Maravilloso espectáculo el de aquel hombrecito de cuatro años brincando sobre las rocas esculpidas o desapareciendo en el angosto pasillo de las chozas. Todo le interesaba, y le oíamos llamarnos cuando había percibido un nuevo grabado o, empotrada entre las losas, un punta de obsidiana. Era un goce para nosotros verle reír, feliz de su libertad, pues conocíamos a muchos niños y hasta adultos, que jamás habían traspuesto las puertas de Hanga-Roa. Cuando el pequeño Atan-Atan sea mayor, creo que no aguantará ya los «*Ausweis* de salida».

Mientras terminábamos nuestros planos en el paraje de Orongo, mi mujer visitaba numerosas grutas que los indígenas solamente querían mostrarle a ella. Cada noche nos las describía minuciosamente, como esa gruta de Poiké enteramente labrada y pulimentada por la mano del hombre y en la cual estaban habilitadas hornacinas con la forma de los objetos que contenían. Aunque a veces lamentaba no poder contemplar aquellos tesoros, comprendía perfectamente la actitud de aquellos polinesios ante mi mujer cuya genealogía de Rangiroa conocían.

Lo que sabemos con certeza es que, pese a cuanto haya podido escribirse, *nadie* ha penetrado jamás ni ha visto las verdaderas cavernas familiares donde permanecen los tesoros de un mundo al cual todo le ha sido robado ya. De esas cavernas, pocas quedan, alrededor de una decena, y las entradas de las otras se han perdido para siempre por el silencio de los ancianos que prefirieron morir sin hablar.

Imaginad que la existencia de una caverna familiar sea sospechada por ciertas personas de la isla..., figuraos cómo podría el desdichado propietario proteger su patrimonio. Aquí, la ley no es la misma para todos.

Terminada nuestra labor en Orongo, debíamos dirigirnos a la isla de Motu-Nui donde vivían los Manutara y, sobre todo, tratar de descubrir los restos del más extraordinario *Ahu* (1) erigido en el acantilado vertiginoso que, desde Orongo, se precipita en el mar. En la canoa de uno de nuestros amigos, debíamos de intentar costear el acantilado y luego llegar al islote. Habíamos bordeado ya aquel acantilado con nuestro barco, pero aquel día, bajo la resplandeciente luz de las tormentas expulsadas, el acantilado surgió por encima de nuestra canoa como la más sensacional frontera de un mundo abismado.

Trescientos metros cortados a pico, trescientos metros acribillados de centenares de ojos que no son más que las anfractuosidades o las entradas de grutas actualmente inaccesibles.

Y, no obstante, antes, a lo largo de ese acantilado, los hombres trepaban, portando el huevo mágico, y, no obstante, hay allí una plataforma de piedra, un *Ahu* sobre el que había estatuas que, arrojadas al mar, descansan ahora con los ojos entreabiertos entre las algas.

¿Cómo pudieron los hombres erigir ese *Ahu-Moai,* ahí donde nosotros somos incluso incapaces de acostar en piragua? Ahí donde ya nadie puede trepar la montaña. ¿Qué *Mana* pudo transportar esas estatuas de varias toneladas? ¿Quién? ¿Cómo? Estamos lejos de la teoría de los boniatos chafados o de los rodillos de madera.

Ahí es donde debe ser buscado el misterio.

(1) Llamado Ahu-Rikiriki.

Esas estatuas, hincadas a doscientos metros a plomo sobre la pared gigante, debían ser terribles de mirar, locas, como los ojos que acechaban a Motu-Nui donde se producía el sortilegio.

Se piensa a veces que aquellos hombres de la isla, que al parecer, sólo tenían una religión pagana, estuvieron muy cerca de Dios.

Pocas veces Bob y yo habíamos tenido una impresión tan profunda del embrujo de la isla, en la que nuestra forma de inteligencia queda sin cesar puesta en entredicho, pues aquí ya no existe ninguna lógica.

Como nuestro barco tuvo que partir con el material de inmersión, no podíamos, desgraciadamente, pretender llevar a cabo sondeos en el mar, y siempre lamentaremos no habernos acercado a los gigantes inmóviles en sus lechos de coral.

A unos quinientos metros del acantilado, surgen los tres islotes. Allí es donde, en tiempos, los hombres recalaban a nado para la larga vigilia. Extraños islotes, actualmente casi desérticos.

Los pájaros ya casi no vuelven desde que cesó aquel ritual de los hombres. Permanece la mala hierba encamada por el brumazón y el viento, pero el vuelo de las aves es raro.

Los indígenas dicen que todavía existe allí una gruta secreta en la que duermen tablillas, cuya entrada debe de estar, disimulada, bajo la hierba. Las «grutas de vigilia» donde vivían los Tangata-Manu siguen allí, abiertas tan sólo al viento, y en una de ellas yace todavía un extraño pequeño *Moai* de cuarenta centímetros de alto; pero lo que permanece, lo que el tiempo no podrá borrar, es la trágica belleza de ese acantilado de Orongo que se perfila, desafiando a las olas, y sobre el que el sol representa su último acto.

De la aurora a la noche, los hombres, fascinados por la búsqueda del huevo, debían de vivir ahí los últimos instantes de una poesía sin edad.

Toda la historia de los Tangata-Manu se había desarrollado entre el acantilado y los islotes. Era mejor que el viento fuese el último testigo. Para nosotros resultaba inútil intentar sondeos que no hubiéramos podido efectuar en las condiciones requeridas. Valía más dejar intacto aquel islote, en el cual otra expedición podría entregarse a concienzudas investigaciones.

Hay, sin embargo, algo destacable que subsiste en aquel retazo de tierra, y es la vegetación. La hierba que crece allí es muy interesante, por dos motivos. En primer lugar su contextura; es, en efecto, una hierba larga y, no obstante, dura y recta como un liquen; luego, la hierba antigua, aquella que en otros tipos crecía en toda la isla de Pascua, pero que fue destruida por las ovejas y por la introducción de un herbaje seleccionado. Examinando aquella hierba detenidamente, impresiona su resistencia y elasticidad.

Por la noche, dormíamos sobre aquel colchón natural y nos sorprendía el ver, al despertar, con qué vigor los tallos chafados recobraban su posición.

Hablando con los indígenas nos vimos inclinados a pensar que, con semejante vegetación, el transporte de las estatuas había podido efectuarse, antaño, más fácilmente. Este indicio no debe descartarse.

CAPÍTULO XVII

VIAJE EN LO EXTRAÑO

No íbamos a turbar aquella soledad, sino dejarnos envolver durante días por la calma fría del inmenso cráter del Rano-Kao.

Debíamos examinar cuidadosamente su círculo perfecto, visitar todas las grutas posibles e intentar el descubrimiento de una extraordinaria piedra grabada de la cual nos habían hablado.

Sublime cráter de explosión, de formas perfectas, la contemplación de cuya calma impresiona. Allí viven todavía los tres últimos árboles de Toromiro, a resguardo de los animales y del viento... y es lo que extraña y hace secreto ese feroz desmoronamiento. Ahí están los últimos testigos de un pueblo cuyo arte delicado y grave murió por falta de vegetación. Los mirábamos, enraizados, inapreciables, en el enorme estallido de las rocas. Silenciosos, los indígenas los vigilan como a hijos cuya vida es frágil.

En toda la isla, con las últimas semillas,

podrían plantarse más y revivificarla, pero están las ovejas...

«Además, ¿sabe usted? esos indígenas son tan haraganes que no quieren plantar. Mire, en la casa parroquial, tengo hermosas zanahorias.»

¡Claro! ¡Vaya lógica!

El arte de la isla ha degenerado porque la materia ha dejado de ser noble; el arte de la isla está putrefacto como la madera que los indígenas tienen que usar para sus casas.

Y aquel Toro Miro de la isla era espléndido, muy especial; los hay, por lo demás, en Polinesia, incluso en Chile, pero ése no es igual. Es un mármol que el viento y la lava de los volcanes han nutrido duramente, lo cual ha proporcionado la finura, la elegancia y la rigidez a ese arte único.

Se requieren horas de marcha por los desmoronamientos para dar la vuelta al volcán. Es inmenso, más de tres kilómetros de circunferencia. A veces es terrible, trágico cuando el viento se abisma en él y se arremolina en el gran hoyo negro de Haumaka.

Es el refugio de los grandes descansos, cuando, sosegado, el sol juguetea en el espejo de su inmenso pantano. Allí, en el contorno de las grutas, vivieron hombres en la magia de un mundo circular. Allí se eleva aún el canto de los gallos salvajes, y están las grutas, los refugios a cuyas puertas el sol se presenta eternamente a la hora convenida que debíamos visitar.

Todas eran bellas. Una sola, al menos entre las que descubrimos, era admirable. Está en la vertiente nordeste, a media altura del cráter.

Se abre en un vasto porche, sembrado de esquirlas de obsidiana talladas; existe ahí un verdadero vestíbulo de calma siempre luminoso. Sobre las paredes en torno hay algunas bellísimas cabezas de Make Make esculpidas; luego, la gruta sube de un piso en el que desembocaban dos hermosos pasillos labrados por el hombre, que se abrían sobre dos salas circulares todavía débilmente alumbradas, desde las cuales trepaba un angosto corredor que se perdía en alcobas minúsculas y oscuras. Esculpida por la Naturaleza y habilitada por el hombre, era una verdadera casa de meditación y de defensa. Un paraíso surgido de un ensueño de Le Corbusier. Ahí hubiese hecho falta efectuar importantes excavaciones, pero como la autorización no me había sido entregada, dejo al cuidado de futuros arqueólogos llevar a cabo esa labor. Sobre todo el contorno del cráter están, no solamente gran número de cavernas habilitadas, sino que en la vertiente norte existe una verdadera aldea asentada en peldaños que hubimos de encontrar. ¡Cuál sería nuestra sorpresa al descubrir, entre los fundamentos, varios trozos de Toro-Miro intactos, pese a haber estado más de un siglo expuestos al sol, la lluvia y el frío! Aldea que debió de ser maravillosa, con aquellas terrazas a pico —algunos metros— sobre el lago. Allí vivieron, sin duda alguna, varios centenares de hombres, y aparte las piedras aquellas, los únicos rastros de su vida siguen siendo las hogueras retorcidas que se aferran a los corrimientos de tierras.

Avanzando a lo largo de los bordes, se llega a un oasis de acacias importadas. Allí, según nuestros amigos, existía una vasta piedra esculpida... que hubimos de buscar. Al excavar, percibíamos, justo frente a nosotros, allí donde el borde del volcán se rompió en un último estertor, una enorme cascada de buganvilias en flor, cuyas tonalidades mezcladas, insinuadas en el gris de las lavas, daban al acantilado el encanto de un maravilloso chal que Balenciaga hubiese ofrecido a aquel espejo.

Fue uno de nuestros amigos quien descubrió la piedra. Era un enorme bloque redondeado y pulimentado por la erosión, sobre el que el liquen había ocultado unas figuras y petroglíficos que nos intrigaron.

Despacio, quitamos el musgo y aparecieron rayas entreveradas cuyo significado no podíamos discernir.

Cuando todo hubo terminado, aparecieron numerosas figuras, dos de las cuales eran particularmente notables. Una de ellas representaba una especie de pingüino cuyo cuerpo terminaba en cola de ballena, representando el otro una cabeza totalmente desconocida en la isla de Pascua.

Era una cara barbuda, de ojos polifacéticos como los de un insecto. Del cráneo se alzaban dos grandes cornamentas de cérvido. Se hubiese dicho exactamente una representación de Shaman, o cascos de magia de los usados por los indios del Gran Norte. Lo que nos parece particularmente interesante, es que esa figuración se encuentra tanto entre los tunguses siberianos como en los últimos yaganas y alacalufes de la Tierra del Fuego. Es en verdad posible que hubiese habido contacto, y el relato de

Anua-Motua llegando al cabo de Hornos encuentra aquí su autenticidad.

Los indígenas dijeron: «Es el hombre-insecto.» No sé nada, no puedo decir nada, pero la fotografía acaso aporte más adelante un curioso asomo de información. Esa figura, en cualquier caso, nunca ha sido trazada por un polinesio; es diferente, como muchas cosas que hacen insólita esta isla.

Los días, pasaron, las noches se abrieron con el canto de aquellos ancianos. Debíamos dejar en paz el Rana-Kao, el gran hoyo de Haumaka.

Habíamos de proseguir, en medio de tormentas, nuestra labor en las cercanías de Hanga-Roa.

Cuanto más avanzábamos en nuestra búsqueda, más la población nos entregaba numerosos documentos. Tendríamos que haber permanecido aquí un par de años.

Al pie de las laderas del Rana-Kao, se escalona un inmenso surco que rodea un altozano llamado Orito. Es la gran cantera de obsidiana, que revolucionó la industria lítica de la isla y su arte. Cuando la lluvia cesaba, nada más bello que ver centellear al sol aquellos millones de esquirlas de todos los tamaños. La obsidiana es una roca vitrificada de color negro que, tallada en finas hojas, además de su opaca transparencia, adquiere un filo incomparable.

Ese brote de obsidiana, extendido en un inmenso reguero bien delimitado, da la impresión de un frenazo de nave cósmica. ¿Quién habrá estudiado algun vez las posibilidades de formación de una roca semejante? También ahí debieran efectuarse investigaciones. Desgraciadamente, nuestro «destellómetro» se había roto y no pudimos estudiar la radiactividad de esa obsidiana que menciono, muy diferente. No podíamos apartar de eso nuestra mente, pues el surco y la disposición de su trazado, limitado por 800 metros de largo y 200 de ancho, me parecen anormales.

Además, y sobre todo, hay ese impacto, jamás registrado y que se halla en el eje de la trayectoria. Ese impacto visible a casi dos kilómetros en la ladera de una colina y que subraya una vegetación diferente. Ese círculo perfecto aparece como un tremendo punto de contacto.

Excavando horas y días aquellos restos dantescos, encontramos numerosos esbozos de *Mata*, herramientas, así como grandes núcleos desbastados para ser llevados al otro extremo de la isla y labrados allí. Algunos autores dicen, sin fundamento alguno, que la labor de esa piedra vitrificada fue hallada muy tardíamente. Nuestra opinión es distinta, por haber descubierto algunos ejemplares notables en varias estratificaciones de cavernas.

No cabe duda de que esa extraordinaria materia aparente fue utilizada desde el principio de la ocupación de la isla del Silencio.

La talla es clásica, con plano de golpeo sobre el núcleo con percutir de madera o de lava y retoque a esquirlas. La contextura de la materia permite aquí una finura musteriense con una talla tosca como el chelense.

Los objetos conseguidos, hojas, raspadores,

puntas de flecha y cuchillos... son en la isla de Pascua de una factura muy especial, pues todos ellos poseen pedículos. Esos ejemplares se encuentran aún a miles, pero hasta el presente solamente habían sido recogidos en la superficie.

Tuvimos la suerte inesperada de descubrir el más bello ejemplar, acaso el más importante actualmente conocido. Para un apasionado de la arqueología el descubrimiento fue maravilloso.

Aquella mañana tenía que visitar al admirable y anciano Gabriel Veriveri, y no podía acompañar a mi amigo Bob que acababa de descubrir una gruta muy interesante en la cual encontró, además de numerosas agujas de hueso, buen número de *Mata* de gran calidad, junto a algunos ejemplares de *Toro-Miro*, conservados en el barro del piso.

Aquella mañana, Bob partió, pues, solo, para efectuar algunos sondeos en profundidad, antes de venir a pedirme que examinase detalladamente el corte que había comenzado.

Justo antes de la comida, oí de lejos el galope de un caballo.

Franqueando la barrera de nuestra pobre casa, Bob, radiante y sudoroso, saltó del caballo y con un guiño me dio a entender que aquélla era una mañana gloriosa.

En cuanto hubo entrado en la casa, Bob puso ante mis ojos uno de los objetos prehistóricos más bellos que jamás he visto después de la Venus de Lespugue. Era un *Mata* de talla y estado de conservación admirables. Tallado en forma de media luna como un trinchante, tenía 22 centímetros de largo por 20 de ancho.

Estábamos tan contentos que la enseñamos inmediatamente a varios amigos. La noticia se difundió rápidamente por la aldea y, cuál sería nuestra sorpresa el ver, dos días después, al jefe militar de la isla de Pascua y su pequeño amigo asmático, llegar, sin previo aviso de cortesía, a nuestra puerta y penetrar deliberadamente en la casa a fin, dijeron de tomar posesión de aquel documento del que habían oído hablar.

Sin recato alguno, aquellos pequeños policías de ocasión registraron la choza donde vivíamos.

¿Entonces? ¡Nada, evidentemente!

Nos restaba fotografiar aquel objeto único y, sobre todo, ir a reponerlo en su tumba, difícil de hallar.

Desde hacía cierto tiempo, era la primera vez que veía una autoridad de un país llamado civilizado conducirse de aquel modo, pues si, evidentemente, no es posible sacar objetos de un país, jamás se ha prohibido poseerlos mientras se está en el territorio.

El asmático estaba muy excitado, pues para él hubiera sido un buen tanto para su carrera futura.

En el fondo, era mejor así, pues sabíamos verdaderamente cómo obrar, y puedo decir que todos los documentos que obtuvimos después y fotografiamos debidamente, jamás podrán ser requisados de semejante manera.

Ese género de vulgaridad había de repetirse dos veces más antes de nuestra marcha. Afortunadamente, la inmensa mayoría de los residentes chilenos acudieron a presentarme sus excusas. No hablo, evidentemente, de la cortesía de los indígenas que jamás reconocerán ese tipo de civilización.

En 1956, Thor Heyerdall conoció, durante su estancia, tribulaciones parecidas. Toda aquella vulgaridad no debía hacernos perder el tiempo, y al día siguiente, al amanecer, cabalgábamos para ir a prospectar el monte Punapau, en el que fue cavada la cantera de extracción de los grandes moños de piedra roja. Recorríamos despacio la pequeña pista que serpentea entre las cabañas de la aldea. Amanecía. Furiosos, los perros brincaban sobre los caballos que se encabritaban y emprendían bruscamente un galope desenfrenado.

Detrás de la cresta del Punapau, el sol comenzada a asomar en un cielo límpido, recortando la montaña de piedra roja sobre un valle de un verde intenso por la estación de las lluvias. Aquí y allá, había hermosos bosquecillos de un árbol allí llamado Miró-Tahití, pues fue traído a la isla por franceses, como, por lo demás, la mayoría de los animales y productos comestibles. Extraordinario arbolito que se adaptó con una vitalidad sorprendente a este suelo pedregoso. El paisaje de Hanga-Roa habrá cambiado totalmente dentro de diez años, y es con esa madera que los indígenas construyen sus chozas y canoas cuando les autorizan a ello, y, sobre todo, esculpían sus *curios*, que constituyen casi sus únicos y míseros ingresos. Desgraciadamente, esos árboles solamente pueden crecer en el campo, en el recinto de las ovejas.

Encabritándose, titubeando en las hondas torrenteras practicadas en el Punapau por la violencia de las últimas lluvias, nuestros caballos iban trepando, permitiéndonos ver, aquella mañana, un paisaje de una gran dulzura. No se oía más que la honda respiración de los caballos, pero la Naturaleza, todavía inmóvil, guardaba silencio.

Cuando se llega a la cresta del Punapau, se descubre súbitamente una avenida bordeada por una veintena de aquellos maravillosos moños. No hay más que seguirla para desembocar en la cantera, que se abre como un haz de fuego.

Al fondo todavía hay algunos moños inacabados. Aquí también, como en el Rano-Raraku el trabajo se paralizó bruscamente.

Excavados como un cráter, las paredes de la cantera presentan una pendiente muy escarpada, y también aquí el trabajo debió de ser enorme para poder, no solamente extraer la piedra, sino sacar el moño. Extraño fenómeno, como por doquier aquí, parece como si el trabajo jamás hubiese querido aceptar un nivel humano.

Huroneando por el fondo de la cantera, tuvimos la suerte de descubrir dos hachas de basalto, pero muy diferentes a las del Rano-Raraku. Eran bastante planas y de filo combado. Hay que decir que la materia es aquí diferente, pues se trata de un conglomerado de grandes escorias, por lo que la labor era más fácil.

De la boca del cráter, si se sigue la pista bordeada de moños, se llega a una especie de pantano que, por lo demás, queda seco después de las lluvias. En torno, pueden verse unos treinta moños listos para el traslado. Casi todos tienen petroglíficos, esculpidos, enormes, pues los diámetros varían de 1,80 m. a 2,50 m. por casi 1,50 de altura. Tocados de gigantes. ¿Cómo eran transportados aquellos moños a los *Ahu* que distaban varios kilómetros? Algunos autores han llegado a decir —los trineos de madera aparte —que los transportaban rodando, como si ello hubiese sido posible en esta tierra lacerada.

En cuanto a los indígenas, responden lo mismo que respecto a las estatuas de Rano-Raraku: «Se transportaron por *Mana*.»

En toda la isla, unos sesenta habían llegado a destino y colocados sobre las cabezas de las estatuas; aún pueden verse, desparramados y rotos, al pie de los colosos derribados.

Los de la cantera están aún intactos con la ligera prominencia en una cara, en tanto que la otra está ahuecada para poder encajarse en el cráneo aplastado de los gigantes. Esos alvéolos son enormes y se encuentra en ellos fácilmente cobijo para dormir o resguardarse de la lluvia.

Pero una cosa impresiona aquí, tristemente. Como todas las estatuas de la isla, tienen un número pintado de blanco. El cura alemán durante treinta años de estancia, ha empleado su tiempo entre dos misas, pintando números, en cualquier parte, en la nariz, la frente, el vientre de las estatuas, o en los moños..., sin duda por miedo que las robasen. Esas matrículas aparecen como una injuria del peor gusto.

Que manías semejantes sean permitidas sobre obras de arte de sin par belleza, rebasa el entendimiento.

Ese rey de la isla tiene el gusto del Orden, palabra singularmente curiosa en la isla del Silencio.

Desde la colina que domina Punapau, el panorama es inmenso hasta Paiké, envuelto en un halo de brumazón.

Hace algunos días que empezamos a filmar y, con este cielo despejado por las grandes lluvias, vamos a encontrar de nuevo todas las maravillas descubiertas durante meses.

Hemos de caminar por las vertientes de esas enormes ampollas volcánicas y llegar al *Ahu A'Tiu*, donde, al ocaso, tomaremos puntos de vista y, sobre todo, filmaremos ese conjunto único de siete estatuas erectas. Ese santuario se halla curiosamente perdido en el centro de una vasta depresión dominada por los montes Aroi. Al ponerse el sol, iluminando de cara a esas estatuas, que, hecho único, miran todas al mar, el cielo por detrás se vuelve negro, tan recargado está de cúmulos que se aferran a la más alta cima de la isla. Esta noche será maravilloso, pues llueve sobre el volcán y podremos captar un inmenso arco iris que, partiendo de la montaña, se hinca en el centro de las estatuas. En los últimos instantes del sol, las siete estatuas parecen revivir una extraña aventura, pues, en el resplandor general que las rodea, los últimos rayos barren de golpe sus cuerpos inmóviles, abriendo durante unos segundos sus ojos ocultos en la sombra.

Todas ellas miran a Hiva, esas estatuas que tal vez no son más que el rostro deificado de los siete primeros exploradores maoríes; y los indígenas dicen que las estatuas están graves dos días al año, en junio y setiembre, a esa hora y el día en que el sol es diferente por el solsticio.

Entre sus siete miradas y el infinito del mar, se extiende la llanura de lava, surcada de inmensos huertos en profundidad y con grutas de numerosas ramificaciones.

Aquí vivieron los hombres, y sus rostros se volvían hacia la tierra, hacia *Ahu A'tiu.*

Entre toda la trágica belleza de la isla, es aquí, sin duda alguna, donde se encuentra, al declinar el sol, el más extraordinario sueño de una realidad inconcebible.

Este trozo de otro mundo parece haberse desprendido de las estrellas de esos montes de la luna a los que tan terriblemente se parece el cráter de Rano-Aroi.

Rápidamente la noche se impone sobre esta inmensa belleza de lavas violeta, y rápidamente también debemos nosotros regresar a nuestra choza. A rienda suelta, los caballos, siguiendo el minúsculo trazado, se lanzan por el camino de lava que a veces resuena bajo sus cascos, asustándolos, y empujándolos luego de nuevo hacia la penumbra.

Es una rara y violenta impresión oír súbitamente bajo los pasos esa resonancia de bóveda, de túnel. Aquí, la red de grutas se insinúa bajo tierra como las arterias de la vida, y, a veces, la corteza de lava solamente tiene de uno a dos metros de espesor. Esa resonancia, ese eco en los túneles de lava, hacen y atestiguan la atroz estancia de aquellos hombres que murieron aquí de hambre o de terror.

De regreso en la choza, la luz y la sonrisa de los niños resulta maravillosa; además, aquí está el amigo Juan, que me trae una delicada escultura de Makoko, de hombre-lagarto.

Todo el arte de la estatuita de Matakiterani era antropomorfo, que es lo curioso aquí, pues ese totemismo no es típicamente polinesio.

Hay esos hombres-pájaro, esos hombres-lagarto, esos hombres-pez (Tangata-Ika).

Sabemos ciertas cosas más concernientes a esa ósmosis entre el hombre y el animal. Sabemos, por ejemplo, que antaño las mujeres vivían con un pequeño lagarto domesticado en el moño, que representaba un poco su *Mana*. Pero jamás conoceremos la sutilidad o la fuente profunda de semejante contacto entre el hombre y la Naturaleza. Toda la gran tradición pagana se ha hecho añicos como esos moños de piedra roja.

Ya noche avanzada, un amigo indígena viene a llamar a la puerta de mi choza. Desea hablar a solas con mi mujer, la cual, empero, podrá después repetirme sus palabras. Bob y yo, que terminamos de engrasar nuestras sillas, vamos a dar una vuelta por los arrecifes que esta noche están espléndidos, diabólicamente dibujados por los reflejos de la luna creciente.

A poca distancia percibimos unas antorchas. Son pescadores que capturan langostas, fascinadas por la luz. Diríase un espectáculo del Bolshoi, ver a esos hombres saltar de roca en roca con rapidez y agilidad y alumbrando súbitamente enormes hendiduras donde la resaca muere.

Silenciosos, los pescadores se deslizan bajo los saledizos de grutas submarinas. Se oye el enorme ruido de la resaca que se pierde en las lavas reventadas.

¡Qué admirable espectáculo debió de ser antaño el juego de sombras de aquellos hombres tatuados y pintarrajeados, dibujándose repentinamente en los violentos contrastes de la inestable luz de las antorchas de caña de azúcar! Todo en esta isla cobra otra dimensión, y a veces se comprende que el espíritu de los hombres pudiese, aquí, transcendentar un arte que debía elevarse cara a las nubes. Ese gigantismo de las estatuas está aquí a escala de la Naturaleza.

Existe aquí esa extraña visión de Tierra del Fuego que turbó a los primeros navegantes. Nos abismamos en este pasado cuando el hombre y el *Aku Aku* se encontraron. Son fascinantes esos cambiantes resplandores arropados por una luz sorda, a través de la cual el semblante de los hombres deslumbrados se destaca bruscamente como la alucinante visión de un mundo olvidado. En este decorado de viento, todo aquí vuelve a adquirir el rostro del miedo.

Bob y yo no podemos apartar la mirada, ahuyentar nuestro ensueño, ante esos danzantes de fuego, que saltan sobre las rocas bruscamente cubiertas por la resaca, o se insinúan en grutas submarinas, que dejan escapar por sus anfractuosidades el brusco reflejo de las antorchas. Deslumbradas, las langostas anaranjadas y moradas se dejan apresar en esas burbujas de lava que el mar no cesa de descubrir.

En los promontorios, los caballos salvajes se asustan de esa luz moviente y vuelven hacia la calma de la oscuridad. Allá abajo, el gobernador está roncando, pero la isla sueña.

Con las manos cargadas de langostas que, al debatirse, emiten un extraño sonido, muy extraño en este silencio, volvemos todos juntos a la choza de piedra. Los hombres tienen frío, pues de pronto se ha levantado un ventarrón.

CAPÍTULO XVIII

TESTAMENTO DEL SILENCIO

En la choza, mi mujer sigue hablando con nuestro amigo.

Fuera, Bob y yo, impacientes, fumamos.

Una hora más, y el hombre se irá, rápido, en la noche. No me hablará jamás, pues no se transmite el secreto directamente; es necesario ese eslabón de responsabilidad, esa doble transmisión cuyo símbolo mi mujer conoce, pues ella piensa el lenguaje de los hombres del silencio.

El hombre ha venido a hablar de la caverna esculpida, aquella donde reposa el último secreto de los llamados orejas-largas y que dice así: «Fueron los primeros antes de los primeros.»

Ha hablado largo rato de la caverna perdida en la cima del Rano-Aroi.

Ha dicho:

«Nadie ha visto ni verá jamás una caverna sagrada; quienes han escrito de ellas han mentido, y lo sabemos.

»Sí, es verdad, hemos fabricado objetos falsos, muchos, que los arqueólogos rubios han venido a fotografiar en las cavernas. Sí, es verdad, porque era mejor así para nosotros, para que siguiera reinando la calma.»

Pero ha dicho:

«A ti te lo voy a decir, te hablaré de la caverna que me legó mi abuelo, en vez de a mi padre, porque éste hablaba demasiado con los blancos que ocupaban la isla.

»Y allí, mi abuelo me dijo: "Nadie podrá entrar jamás, pero tú podrás hablar de este mundo, si sabes y sientes que puedes. Algunos objetos, si quieres, podrás darlos, jamás venderlos, pues todavía están cargados de fuerza, pero jamás podrás dejar que sea franqueada la puerta."

»Ahí arriba, en el volcán, está la caverna, pero nadie puede descubrirla, pues su puerta está oculta bajo la tierra y la hierba.

»A veces yo voy de noche a velar y cuidar de los Moai-Kavakava.

»A la entrada, hay dos cadáveres en cada lado,

»a la izquierda, un *Moai-Kavakava* con *toromiro*,

»además, dos figuras de Make Make,

»dos hachas bien pulimentadas,

»dos anzuelos,

»en medio, está el *moenga* amarrado en tres partes, y dentro se halla una tablilla,

»un lagarto de piedra, dos remos de danza,

»a la derecha, cuatro azulejos de piedra,

»dos tablillas de *makoi*, todas podridas,

»una estatua de piedra, un hacha de piedra, dos cadáveres de niños sobre los cuales, en el muro, hay esculpidos

»una cabeza de Hanau-Eepe,
»una pieza de *tapa,*
»una calabaza de *kiea;*
»en el suelo, diez dedos de pies,
»una tablilla de piedra,
»un *Rei-Miro* de piedra y otro de madera,
»dos hachas de piedra y una punta de obsidiana muy bella con su mango,
»varios Mata y una figura mal esculpida de Make Make.»

El documento es extraordinario, si pensamos que esa caverna guarda aún cuatro tablillas grabadas de ideogramas y que solamente son conocidas una veintena de ellas en el mundo entero.

Veremos esos objetos, pero sabemos que jamás penetraremos en el santuario. Debo decir que a veces es terrible dominarse y acallar nuestra forma de pensar, que no puede comprender lo Prohibido. Sobre todo, tengo unas ganas enormes de ver la cabeza de Hanau-Eepe esculpida en la roca. El indicio sería primordial. Desgraciadamente, nuestro amigo sólo nos hará un dibujo de ella, por lo demás terriblemente inquietante.

Esos objetos, que íbamos a descubrir no fueron aquí sino arcanos del pensamiento; por eso son graves y saturados de fuerzas.

Me explicaré: sea cual fuere la religión, la forma de pensamiento, hasta la más erótica, todo objeto que haya sido sometido a los designios, a la intervención o al deseo del hombre, permanece cargado de las fuerzas psíquicas que sabemos transmisibles e irradiantes, ello exceptuando los objetos manufacturados con materias transformadas en su esencia.

Hay en los símbolos una terrible fuerza de activación de la vida que los hombres de la isla no han podido olvidar.

Varias cuestiones primordiales inquietan:

1.° Según los indígenas, ciertas obras guardadas en las grutas no son obra de sus antepasados, es decir, de los polinesios.

2.° Esos objetos siguen siendo para ellos un obstáculo y una angustia que la religión católica no ha podido exorcizar en la isla.

3.° Toda la escultura es antropomorfa. Esta ósmosis entre el hombre y los animales primordiales deja entrever un conocimiento original, que no es polinesio.

El origen de esa forma de expresión me parece de un interés capital.

Por ejemplo, hay aquí la representación de un pez llamado *Patuki*. Ahora bien, este pez, con apariencia de batracio, es un pez con patas que posee grandes analogías con el celacanto, pero lo más insólito es que la tradición dice que de ese pez con patas desciende el hombre tras diez mutaciones debidas a los cambios de clima y, por ende, a la alimentación y a las reacciones humanas.

Diez mutaciones, diez cambios de clima, son indicios precisos que no pueden menos que asombrar. Todo es así. Hubo hombres-pájaro, hombres-ballena, hombres-lagarto que semejan extrañamente a hombres-cocodrilo.

Ahora bien, esos hombres colocados en ósmosis con las formas de vida primordial, son impactos de un conocimiento muy diferente.

Entre el simbolismo y el totemismo, está el

foso de la toma de otra consciencia. Ahora bien, esos objetos son símbolos, a tal punto que los supervivientes actuales los adivinan, tienen miedo, pero tratan de reproducirlos.

Todas esas figuraciones precisas, y de un arte consumado, están en actitud de meditación y espera. El arte preciso se torna aquí *sobrerreal*, no mágico; es un arte encarnado.

Esos objetos son diferentes del psiquismo de los pascuanos actuales que les tienen miedo, pero los respetan ocultándolos. Son la obra de otra raza y no son polinesios. Es curioso que los investigadores no hayan percibido esa aplastante huella del estilo.

CAPÍTULO XIX

EL ARTE DE LOS OTROS HOMBRES

Aparte de las estatuas gigantes, hay en la isla de Pascua una escultura de considerable interés; esta representación en madera se llama el *Moai-Kavakava* y figura un hombre descarnado, o más bien disminuido y encogido.

Esa escultura, cuya fotografía hace resaltar las principales características: aspecto descarnado, bocio, lupia... debe retener toda nuestra atención pues, la perfección del estilo aparte, presenta un carácter aberrante en arte.

Esa representación del bocio, de la lupia, son signos patológicos que fueron motivados por condiciones de vida muy especiales que debemos examinar y que pueden explicar, no sólo la morfología de aquella raza anterior, sino también el aspecto geológico de esta isla.

El bocio es una morfología comprobada en muchas poblaciones, sea degeneradas, sea desmineralizadas, y no cabe duda de que esa característica pudo aparecer en la isla de Pascua a consecuencia de una consanguinidad hecha obligatoria, o, y sobre todo, a causa del agua que aquí, filtrada por la roca volcánica porosa, se halla demasiado purificada.

El doctor Stéphane Chauvet ha estudiado atentamente ese problema de la isla de Pascua, pero cree que la deformación es debida a una hiperclorización del agua, así como a una fuerte deshidratación. Sabemos, en efecto, que el problema del agua fue aquí crucial como, por lo demás, sigue siéndolo, y muchos navegantes han visto pascuanos beber agua de mar en los aledaños de los acantilados. De esto se deduce que, bebiendo aquel agua, los pascuanos estaban hiperclorurizados. Esto no parece estar justificado, pues hemos hecho la experiencia, en las proximidades de los acantilados, de beber agua de mar que, a decir verdad, no es aquí sino agua dulce o salobre, que se filtra al pie de los corrimientos de lava. Pero mucho más importante es que aquellos hombres, habida cuenta de su precaria existencia, de su deficiencia alimenticia, conocieron perturbaciones de glándulas endocrinas y la hipófisis, perturbaciones cuyas consecuencias conocemos.

Por otra parte, esa aparente flacura parece ser debida a una disentería crónica que todavía existe actualmente.

Las características morfológicas son hechos probatorios que pueden explicar el carácter muy especial y único de esa estatuaria, pero de todos modos es sorprendente que ese estado físico, si ha sido crónico durante siglos, haya podido inspirar hasta tal punto a los artistas y bloquear la representación humana de ese arquetipo.

Cabe preguntarse si la isla de Pascua conoció la irradiación de un mundo imbuido de otras fuerzas.

En presencia de ciertos misterios geológicos que en esta isla impresionan hondamente, tenemos el deber de no omitir la posibilidad de un contacto extraterrestre que hubiese radiactivado brutalmente esta isla, dejando para siempre en el pensamiento humano la angustia y la obligación de una representación votiva de aquel período.

Es seguro que, además del aspecto físico de esos *Moai-Karakava*, de nariz ganchuda y rictus de los labios, el relajamiento de las vértebras cervicales y la representación de la rotura entre las vértebras lumbares y dorsales constituyen un importante indicio respecto a la posibilidad de una radiactivación violenta.

Esas estatuitas de *Moai-Kavakava* existen en pequeño número en museos y algunas colecciones particulares. Fueron muy poco numerosas, y los escasos ejemplares que subsisten actualmente están cuidadosamente escondidos en dos cavernas de la isla de Pascua.

Lo interesante es el indicio que dan los primeros navegantes; a saber, que los pascuanos cedían gustosamente aquellas estatuitas que parecían no pertenecerles personalmente. Hoy día, los indígenas hablan de ellas con temor, como de algo exterior a sí mismos, de lo cual sienten simplemente el peligro y la fuerza.

Con toda evidencia, se tiene la impresión de que este arte no les es propio y que representa a otra raza. No puede encontrarse ningún carácter polinesio, ni en los rasgos faciales, ni en el tratamiento de la escultura corporal.

La explicación que dan actualmente los indígenas del nacimiento de esa escultura es curiosa y parece, como muchas otras leyendas de la isla, haber sido inventado de punta a cabo. Según ella, el rey Tuu-Ko-Ihu vio, pasando por la colina del Punapau, a dos espíritus que dormían. Aterrado por su aspecto, esculpió inmediatamente su representación. Esta historia de un espíritu visto súbitamente pudiera ser interpretado de muchas maneras. Pero una cosa permanece, que estimo importante: aquellos espíritus poseían una tremenda realidad y la figuración que el rey hizo de ellos nada tiene de mágico. Hay figuración de una realidad, no hay invención.

Los detalles son demasiado precisos, demasiado deliberados.

Aquel sueño del rey no es tal vez más que la representación de los supervivientes de la primera raza que pobló este pedazo de tierra.

El arte de la isla de Pascua constituido por esos gigantes de piedra del primer período y por esas estatuitas de madera de Toro-Miro, es un arte de una calidad excepcional que murió bruscamente en el apogeo de su perfección. Como en Tihuanaco, todo aquí estaba en su sitio mientras se realizaba y todo se paralizó buscamente.

Se objetará que ese arte es reciente, puesto que se conservan objetos de madera. No lo creemos así, pues si las estatuitas de madera egipcias han resistido hasta nuestra época, en la isla de Pascua la calidad de las maderas de Toro-Miro es excepcional y, por otra parte, no existiendo aquí ningún insecto, todos los obje-

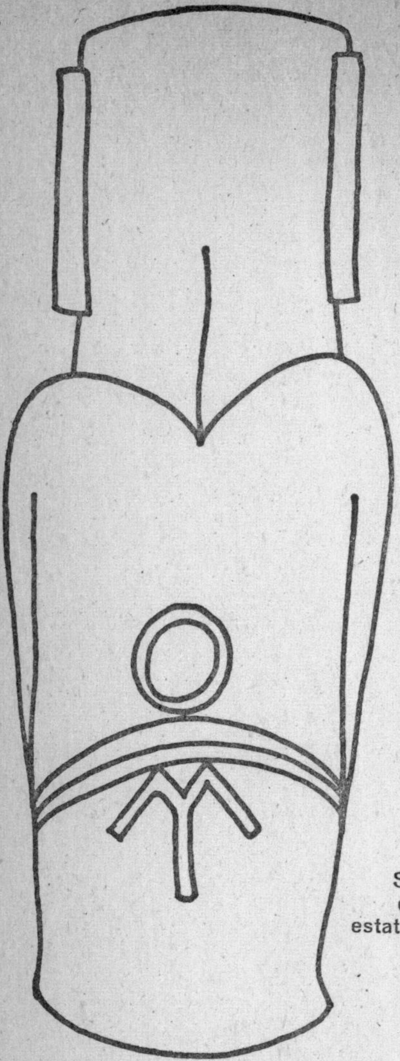

Símbolos esculpidos
en la espalda de las
estatuas del primer período.

★

La tradición dice
que son los
elementos de vida.

tos de madera, al abrigo de las cavernas secas, pueden conservarse durante siglos.

Esa madera cuya contextura es ya —si me atrevo a decirlo— petrificada, fue cortada aquí, cortada en luna llena, es decir, desvitalizada.

Habida cuenta de la escasez de materia, ese arte de las estatuitas fue aquí sublime.

Dado que a la llegada de los primeros navegantes europeos la isla de Pascua no contaba mucho más de cinco mil habitantes, todos polinesios, cabe pensar que este arte es originario de otra población y que aquí solamente fue imitado y empobrecido. La degeneración de este arte es flagrante. En cuanto los pascuanos hubieron cedido o trocado los objetos auténticos que poseían, se pusieron a fabricar pálidas copias, sin invenciones..., que vendieron hasta nuestros días a los raros barcos que recalaron en su isla. Impresiona comprobar que todas las características morfológicas de los *Moai-Kavakava* fueron totalmente omitidas en las primeras copias, que datan de fines del siglo XIX. El arte moderno de la isla no ha retenido más que el lado aparentemente grotesco de un símbolo incomprendido.

Al igual que actualmente no puede hablarse ya de raza pura en la isla de Pascua, tampoco puede hablarse de arte.

Entonces, ¿quiénes fueron los hombres que vivieron originariamente en esta isla del extremo del mundo?

En el estado actual de nuestros conocimientos, no podemos responder con una afirmación, pero nos parece muy probable que esa primera raza podría ser emparentada, sea con los hombres de Chaven, sea con los de Tihuanaco, cuyas concordancias hasta la Tierra del Fuego son mucho más delicadas de lo que puede imaginarse.

Tal vez los polinesios conocieron algunos supervivientes de aquella primera raza, pues algunas tradiciones parecen haber sido transmitidas.

El violento traumatismo que marcó a aquellos polinesios no fue obra del clima o del azar; fue la huella de una toma de consciencia de tal importancia que no tiene comparación alguna en las otras islas.

Tal vez la isla de Pascua guardará su misterio, pero al intentar romper el marco de una historia notablemente analizada por Alfred Métraux, abrimos el campo de investigaciones de una protohistoria o, más exactamente, de una primo-historia que parece haber incluido las fases más trágicas de la evolución y la migración deliberada de los hombres.

Tanto si se acepta o se rehúsa creerlo, la isla de Pascua ha sido presa de fuerzas que adivinamos, que sentimos, tan presentes y duras están aún en esta tierra marcado por el fuego.

CAPÍTULO XX

EL GRAN MISTERIO DE LAS TABLILLAS DE MADERA GRABADA

El problema más insólito que sigue sin esclarecer es, sin duda, la existencia en la isla de Pascua de una escritura que se ha calificado de ideográfica, pictográfica, pero de la cual, hasta el presente, no se ha podido nunca definir el valor exacto.

Esta escritura es tanto más anormal en esta isla cuanto que, hasta ahora, ninguna otra escritura fue descubierta en los archipiélagos polinesios.

Muchos estudios han sido realizados para tratar de descifrar esos ideogramas, y ello desde el descubrimiento de las primeras tablillas analizadas por el obispo Tepano Jaussen hasta los recientes trabajos del profesor Thomas Barthel, de la Universidad de Hamburgo.

Ninguno de ellos ha aportado una verdadera interpretación de esas tablillas.

Enfoquemos de nuevo el problema desde la base e intentemos saber el sentido exacto de lo que ha sido llamado «madera parlante».

Hay aquí una primera interpretación fonética que falsea toda la base de esas investigaciones.

Se ha traducido Kohu Rongo Rongo por «madera parlante». *Kohu* quiere decir, efectivamente, madera, pero la pronunciación exacta es *Kohau,* que quiere decir «inscripción», y, por otra parte, *Rongo Rongo* quiere decir «encomendero-transportista».

Lo cual nos da una interpretación mucho más literal y mucho más precisa.

Las tablillas eran «transmisiones de inscripciones o de escritura», y los sabios que conocían y enseñaban aquella escritura, se llamaban *Maori, Kohau Rongo Rongo,* lo cual quiere decir «sabio transmisor de escritura».

El angustioso problema estriba en la muerte de la casi totalidad de los sabios *Rongo Rongo,* sobrevenida en 1862, cuando la incursión peruana y el rápido derrumbamiento de toda la cultura original, a la llegada de los primeros misioneros.

Monseñor Jaussen intentó hacer hablar a un indígena que había sido iniciado por los últimos sabios.

Las condiciones en las que se efectuó aquel interrogatorio permiten pensar que el resultado no podía ser demostrativo, en primer lugar porque hace falta desconocer mucho la mentalidad llamada primitiva, que yo llamo esotérica, para creer que sea posible obtener, súbitamente, y en el clima de una confrontación semejante, una revelación de algún valor.

Por otra parte, hay que pensar que aquella escritura de iniciados poseía, tal vez, como los jeroglíficos egipcios, tres sentidos: a saber, una interpretación esotérica, un sentido hierático y un pensamiento demoníaco. Miss Routledge intentó, en 1914, establecer contacto con los últimos ancianos y obtener de éstos algunas revelaciones.

Señaló que, desgraciadamente, aquellos últimos murieron unos días después, entre ellos un tal Tomenika, del cual volveremos a hablar. De todas maneras, y fuese la que fuese la rara probidad de Miss Routledge, no veo personalmente que un indígena se atreva jamás a revesalar a un europeo un significado semejante, sabiendo bien que los *Kohau-Rongo-Rongo* eran sagrados y no transmisibles a los no iniciados.

El conocimiento de aquella escritura estaba reservado, en efecto, entonces:

1.° A la familia real.
2.° A los jefes de los seis distritos.
3.° A los *Maori Kohau-Rongo-Rongo.*

Al perder de vista esa noción elemental del esoterismo primitivo, se obtienen a menudo curiosas interpretaciones, dictadas simplemente por el miedo a negarse, y así es como Jaussen, Thompson, Routledge... confirman haber tenido traducciones diferentes de la misma tablilla, y esto, tras indagaciones efectuadas y continuadas con varios días de intervalo.

En 1956, el profesor Thomas Barthel estudió con una metodología muy diferente. Dijo haber obtenido resultados, pero lo cierto es que, durante su estancia en la isla de Pascua, no pudo ver ninguna tablilla ni obtener ninguna precisión de los indígenas.

Un estudio muy interesante publicado por M. de Hevesy comparaba los ideogramas de la isla de Pascua con los que fueron exhumados durante las excavaciones de Mohenjo-Daro y Harrapa, en el Indo Medio.

Parece ser que esa dirección de las investigaciones no fue explotada suficientemente y que las afirmaciones de M. de Hevesy ofrecen un interés considerable.

Lo que nos sorprendió mucho fue la curiosa información que recibimos en la isla de Pascua. Nuestro amigo nos dijo:

—La primera raza inventó la escritura *Rongo-Rongo*, que inscribió sobre piedra. Esta escritura solamente subsiste en Asia entre las cuatro partes del mundo habitado en otros tiempos por la primera raza.

Otra información, debida al doctor Stéphane Chauvet, dice que, según la tradición, el rey Hotu-Matua trajo consigo seiscientos textos escritos en hojas de plátano. Lo cual no excluye en absoluto la información precedente, y, por lo demás, creemos que esa escritura no es originaria de la isla de Pascua.

El gran problema sigue vigente: ¿Por qué esa escritura no existe más que en la isla de Pascua? A esto no podemos contestar, dada la pobreza de las investigaciones efectuadas en los otros archipiélagos del Pacífico.

La única aportación válida que puede ofrecer nuestra expedición respecto al enigma de esa escritura, es, tal vez, el extraordinario cuaderno al que antes nos hemos referido.

En efecto, cuando lo desglosamos, hubimos de percatarnos de que perteneció al famoso Tomenika, del cual habla Miss Routledge.

Parece ser que los ideogramas fueron dibujados por él mismo; en cambio su transcripción en lenguaje antiguo fue efectuada, al dictado, por otra persona que sabía escribir.

La importancia de ese cuaderno requiere meses de trabajo, no solamente para traducir la transcripción del viejo lenguaje pascuano, sino, sobre todo, para efectuar después una clasificación de los ideogramas e intentar la traducción de una tablilla.

Es seguro que ese glosario de ideogramas puede aportar una contribución importante al conocimiento de la escritura.

En los meses por venir, deberemos trabajar conforme a dos disciplinas: primero, la traducción de la transcripción en lengua antigua de los signos *Rongo-Rongo;* después, y con más seguridad, la puesta en condición, muchísimo más vasta, mediante el gran ordenador IBM, de los miles de soluciones, insolubles para la mente.

Personalmente, no creáis de momento que la escritura de la isla de Pascua pueda ser considerada como la etimología de este vocablo nos da a entender. Creemos más bien que, como los Quipu, o los cordeles con nudos de las islas Marquesas, los ideogramas de la isla de Pascua contienen una potencia de pensamiento y, por consiguiente, de palabra, que nuestra forma de transcripción no puede imaginar.

Es cierto que esos ideogramas contienen, en sí, toda la fuerza de concentración y de vida que tan sólo poseen los símbolos matemáticos que están en vías de ser la única lengua universal. Si las fronteras ya no existen en la transmisión e interpretación de las fórmulas de Einstein y de Oppenheimer, lo mismo ocurrió, sin duda, con la comprensión de los símbolos primitivos. Por no citar más que dos ejemplos: todos los primitivos reconocen e interpretan inmediatamente dos signos que nos parecen extraños. En primer lugar, esas líneas concéntricas que se encuentran en Carnac, o por doquier, y que simbolizan las ondas de vida; luego, esa famosa cruz gamada de la cual, en sus orígenes, las ramas rotas giraban evidentemente en sentido inverso de las que tanto han dado que hablar, y que, desde el Tibet a la isla de Pascua, simbolizan la puesta en movimiento por el hombre de dos ejes de vida, inmutables, que, inscritos en el círculo, representaban originalmente la encarnación y la sublimación es decir, el átomo de las vidas, del cual cierta ciencia silenciosa sabe el peligroso punto de intersección.

Este libro, además de que no puede pretender, o tener la pretensión de resolver o de concluir la historia de la isla de los Gigantes, peca evidentemente por dos omisiones, dos resultados que no podemos dar de inmediato. Por una parte, el resultado de los *tests* al carbono 14, efectuados sobre los carbones de leña que recogimos en estratigrafía, y, por otra, la interpretación probable de la escritura *Rongo-Rongo* que no podemos efectuar de momento, en vista de que estamos curiosamente obligados a trabajar de modo independiente, o sea, en la pobreza.

Quién sabe si, algún día, podremos trabajar de manera diferente y rechazaremos toda una ciencia demasiado a menudo fundada en la lógica de un mundo que se jacta de inteligente, pero que sigue siendo gravemente irresponsable de sus actos.

La isla de Pascua no se abrirá, pues, como una Universidad o un museo, sino que tal vez morirá por segunda vez.

CAPÍTULO XXI

LO QUE SIGUE SIENDO INQUIETANTE

Aún teníamos que vivir algunas semanas en esta tierra del silencio, pero nos quedaban muchas palabras por transcribir. Los días se hacían tensos, las horas se desdoblaban, de tal modo que al avecinarse la separación los hombres de la isla se sentían prendidos de nuevo por un aliento de vida, es decir, de pensamiento.

Durante una larga semana íbamos a partir de nuevo, al galope de los caballos, hacia la aventura de este pequeño mundo, que, subterráneo y cara al cielo, es doble, como el retroceso deliberado de su forma de expresión.

Hubimos de volver por última vez al taller gigantesco del *Rano-Raraku,* no solamente para revivir el ensueño de los gigantes, sino, asimismo para examinar un conjunto de arquitectura sumamente curioso.

En la cima del reborde del volcán, dominando la escarpadura desde más de doscientos metros, se despliega un conjunto de hoyos y de pasillos comunicantes, que fueron todos tallados por la mano humana. Esos hoyos de un metro de profundidad por, aproximadamente, noventa centímetros de anchura, se suceden a intervalos regulares. Otra serie, un poco más abajo, muestra ese intervalo de hoyos unidos entre sí por una canalización subterránea ya muy pulimentada por el uso.

La interpretación de ese conjunto podía situarse en varios planos. O bien los hoyos habían servido de puestos de vigilancia, o el conjunto pudo haber servido de observatorio solar, o, por último, como nos lo contó un anciano, aquel mecanismo sirvió para comunicar Hotu-Iti con el acantilado de Rano-Raraku, y ello con ayuda de un verdadero teleférico de cuerdas. Esta explicación, como la del foso de Poiké, parece haber sido creada de punta a cabo para uso de los viajeros de paso. Aquí, como en todos los parajes elevados, parece ser que la verdadera explicación sea doble a fin de proteger el secreto.

Uno de nuestros amigos había de precisarnos ciertas cosas.

Según la tradición, aquel mecanismo de hoyos comunicantes había servido de verdadera cabria con tensiones sucesivas, que debía permitir manipular las estatuas en la pared interior del volcán.

Ahora bien, lo que nos impresionó de buenas a primeras, fue el estilo diferente y degenerado de aquellas estatuas que, en el interior del cráter, son de una factura y, sobre todo, de una roca vulgares.

Era, pues, posible que los hombres de la segunda migración, mientras copiaban y dege-

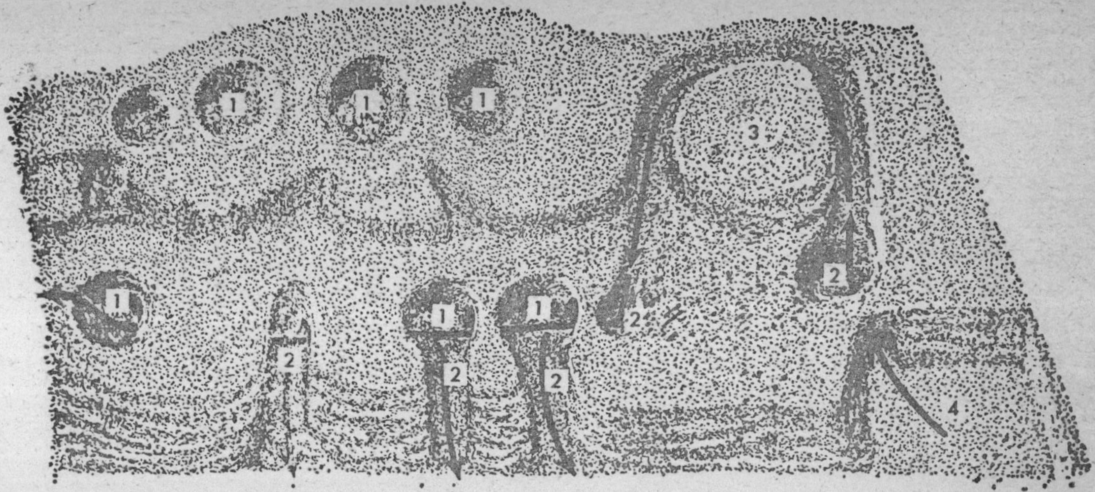

Plano del sistema de elevación descubierto en la ladera interior del volcán Rano-Raraku.

1 Hoyos donde se situaban los hombres que manejaban las cuerdas.
2 Zanjas para el paso de las cuerdas.
3 Monolito para la tirantez de la cabria..
4 Cueva para almacenaje de cuerdas.

neraban el arte de los gigantes, se hubiesen visto obligados, por haber perdido el *Mana*, a inventar un medio mecánico lógico para trasladarlos desde las laderas del volcán al pie del cráter.

Visto el peso menor de esas estatuas, la posibilidad de la cabria se afianzaría. Hubimos de percibir, además, en las rocas de la pared interior del volcán, claras huellas de desgaste que partían del mecanismo superior hasta el pie de los últimos talleres.

De ese conjunto reproducimos el plano, esperando que otros investigadores puedan reanudar el trabajo acerca de este problema.

Debíamos examinar de nuevo el problema de las famosas calzadas enlosadas que penetran en el mar y que han llevado a muchos autores a pensar que la isla de Pascua era en otros tiempos más vasta.

Las calzadas son en realidad perfectos corrimientos de lava, bien delimitados, que se cuartearon a su contacto con el océano.

Al cabo de siglos, las resquebrajaduras fueron pulimentadas por las olas, e hicieron creer en piedras bien encajadas, pero que no resisten al más simple examen.

No obstante, existen en la isla tres calzadas construidas por el hombre y que, por algunos metros, se introducen en el mar. Construidas en minúsculas caletas, relativamente a resguardo de la resaca, fueron, sin duda, utilizadas como puertos, o, más exactamente, como varaderos de canoas. Algunos investigadores han pretendido ver ahí la prueba de intercambios entre los archipiélagos, o, sencillamente, vastas correderas para el embarque de las estatuas. Dada la disposición del terreno, eso parece poco probable. Pero, por contra, es cierto que esas calzadas fueron utilizadas por los isleños como varadero de las piraguas que en otros tiempos poseyeron.

Las calzadas naturales formadas por los corrimientos de lava, como las que lindan con la bahía de Hanga-Roa, fueron seguramente utilizadas, pero no hemos podido comprobar ningún signo de arreglo humano.

Queríamos llevar a cabo, por última vez, la vuelta a la isla para ver de nuevo todos los *Ahu*, todas las plataformas de piedra sobre las cuales, durante el segundo período, fueron erigidas las estatuas.

Una conclusión se impone. Todas aquellas plataformas fueron elevadas después de la segunda migración, pues en todas las construcciones se encuentran losas de casas-piragua, salvo en *Ahu Vinapu*, cuyo estilo nos causó tan fuerte impresión.

No hay ninguna duda: la primera civilización fue destruida y asimilada por la segunda migración; pero un hecho hay que destacar: en los tres *Ahu* que fueron, según la tradición, erigidos por Hotu-Matua en Anakena, se encuentran piedras de casas-piragua, y en uno de ellos, empotrado en la mampostería, no solamente aparece una cabeza cuyos rasgos recuerdan los de la escultura arrodillada del *Rano Raraku*, sino también una bellísima escultura en basalto que representa, en un estilo muy diferente, el vuelo de dos pájaros.

Todas estas comprobaciones no hacen sino

imbricar el problema de la población no solamente polinesia, sino anterior. Creo que la leyenda de Anua-Motua puede aportar ahí no sólo importantes precisiones, sino reponer en su justo lugar la historia tan pregonada de Hotu-Matua, que fue, sin duda, el jefe de la última migración polinesia.

Nos quedaban algunas semanas que vivir en aquella tierra del Silencio, pero muchas palabras nos quedaban por transcribir.

Cada día, mi mujer se dirigía a la leprosería, que las autoridades llaman Sanatorio.

Allí, el viejo Veriveri nos aguardaba.

Allí durante horas, traducíamos sus palabras.

Allí, en su choza de adobe, contemplábamos su miseria.

Para nosotros, la historia de la isla del Silencio— no me refiero a la prima-historia— puede resumirse así:

Es muy probable que hacia el siglo IV después de Jesucristo, hombres procedentes de los archipiélagos polinesios arribaron a los parajes desolados de la isla de la Soledad.

Después, dos migraciones sucesivas se imbricaron: las de Hotu-Matua y de Anua-Motua.

Ambas llegaron a la isla de Pascua tras una larga navegación a través de los archipiélagos de las Marquesas, Tuomotu y Gambier.

Eso ocurrió hacia fines del siglo XIII.

Aquellas diferente migraciones hallaron, en la isla de Pascua, una cultura establecida, pero seguramente algunos supervivientes decadentes de la primera raza, que sigue siendo un misterio.

Fueron los polinesios quienes erigieron los *Ahus* con estatuas.

La primera raza dejó a la isla de Pascua su fabuloso testamento.

Aquella raza vino del Este, y no fue únicamente lo que nosotros entendemos por precolombina.

Ahí reside el gran problema que la arqueología deberá resolver, pues la isla de Pascua nada tiene que ver con un problema de esteta; sigue siendo inquietante.

Aquí surgen ciertas huellas de aquel pueblo prediluviano del cual empezamos a encontrar la presencia y que exige la revisión de todas las nociones de tiempo y de ética que nuestra ciencia ha pretendido imponer, sea por orgullo, sea por pauperismo.

Sabedor de la existencia de aquella raza prediluviana, y no dudando de su conocimiento superior de un mundo muy diferente, creo mi deber, con lucidez pero sin vacilación, comunicar en estas páginas ciertas informaciones que recibimos de la isla de Pascua, cuya publicación nos ha sido autorizada.

A resultas de largas conversaciones inquietas que sostuvimos de noche en nuestros campamentos, cuando no solamente debíamos estudiar una galaxia aparente, sino, sobre todo, ver el paso frecuente de los satélites terrestres, se nos dijeron cosas que reproduzco en su traducción literal, y que me parecen tremendamente importantes.

Las cito por el orden en que me fueron comunicadas.

«Los habitantes de Júpiter han regulado los acuerdos de los planetas.

»La estatua (llevada a Bélgica) es una de las más antiguas, pero su fuerza le fue quitada completamente.

»El primer planeta que los hombres conocerán será Venus.

»Nuestro cuerpo no puede resistir más de dos meses en los planetas.

»Todos los planetas adoran al sol.

»Pocas estrellas son habitadas.

»Existen gentes entre nosotros que no podemos ver.

»Una tablilla muy sagrada fue robada en la isla de Pascua, y la ciudad donde la llevaron se incendió (1).

»La corriente y la luz de Venus son producidas por el aire.

»Dos planetas, Júpiter y Marte, no poseen electricidad natural, son como la Tierra.

»No hay vientos.

»Solamente nuestra tierra posee hombres de diferentes colores.

»Existe solamente un sol y nadie puede vivir en él.

»En la Luna vive gente.

»Existe un planeta sin plantas, sin tierra, formado tan sólo de agua y piedra.

»Las formas humanas que viven en él son diferentes y nacen en el agua.

»En ese planeta, existen minas de metales

(1) Lovaina.

diferentes a los nuestros, y particularmente un metal único, más fino que el oro, de color verde-negro-azul-amarillo-rojo.

»El planeta está formado por una bola de piedra y de hierro.

»Hay que horadar la costra de hierro con un fuego de piedras para llegar al metal.

»El metal se produce muy fino, por fuego de piedras y agua. Puede ser empleado como tejido.

»La isla de Pascua fue diferente.

»No había lluvias, sino resurgimiento de agua de la tierra. Tenía la misma forma, el clima era muy cálido y crecían plantas enormes.

»La primera raza de la isla existió en dos islas de la Polinesia, parte de Asia y parte de África donde viven los volcanes.

»Una isla del Pacífico recibió en custodia el poder muerto en la isla de Pascua.

»En esa isla, y es el único sitio en el mundo, viven aún algunos ejemplares del árbol antiguo que crecía en las cuatro partes del mundo.

»El árbol de la vida no daba frutos.

»Hace miles de años, la piedra del Rano-Raraku era diferente y dura. El cambio de clima fue lo que modificó la contextura de la roca.

»Había animales en la isla de Matakiterani.

»Los volcanes aparecieron en la época de la primera raza,

»1.º surgió el Rano-Aroi;

»2.º surgió el Rano-Kao;

»3.º surgió el Rano-Raraku,

pero su venida estuvo separada por numerosos años.

»Eso es todo lo que sabemos.»

Pues bien, demasiado sé que este documento nos valdrá la imprecación violenta de ciertos funcionarios de la ciencia, el escepticismo prudente de algunos otros, el susto de ciertos lectores o tal vez el asombro de algunos otros.

Hay que releer este documento, que no es Nuestro.

No puedo personalmente emitir ningún juicio, y no quiero hacerlo.

Éste es el libro que podíamos y debíamos escribir sobre la isla de Matakiterani.

Acaso peca de ciertas omisiones. No era el libro de una aventura, sino de una delicada introspección.

Sabemos, ¡ay!, los fallos, y a veces la humilde angustia de una búsqueda por caminos rehusados, pero sabemos también los testimonios sobrecogedores que hemos recibido de aquellos que no tenían nuestra posibilidad dichosa de partir hacia las fronteras del respiro.

Otros hombres piensan o sienten distintamente nuestra pulsación, que es patológica. ¿Quién sabe, quién se atreve a decir que con su silencio sepan o callen toda una otra vía del conocimiento, que algunos poseen en duras responsabilidades?

Que quienes han asesinado las civilizaciones llamadas primitivas sepan el grave compromiso en que se encuentran, sin esperanza de retroceso y de excusas.

La isla de Pascua fue azotada por esa maldición que se llama «infierno concentracionario». Ha conocido los siglos de angustia de un mundo aislado, enloquecido por el hambre. Ha conocido la angustia de los refugios subterráneos cuando la vida era la apuesta del número. Ha conocido la angustia de quienes, en las prisiones, saben que la sangre no se renueva. Ha conocido la angustia de ese amor decepcionado por la sífilis de los hombres blancos, y esto en el siglo del cosmos, cuando los hombres de la isla, inquietos y lúcidos, soportan la arrogante ocupación de los que por orgullo y racismo se han otorgado, por desgracia, el semblante de la civilización.

¿Quién enseñará a los hombres de la isla la única palabra digna de la muerte, esa palabra que ha hecho de aquellos a quienes se llama salvajes los Amigos de la Felicidad?

La isla de Pascua tiene el rostro de los tuberculosos que saben que van a morir y que, dramáticamente, jadean y sobreviven en el sueño de ese amor tan sosegado.

La isla de Pascua es trágica.

Pero, ¿quién se atreve a soslayar la mirada de aquellos a quienes la lepra parece hacer pasmado para siempre?

Sólo hago una pregunta, y la hago para que este libro perdure.

¿Qué ha sido de los pascuanos que, durante años, han huido de la isla en minúsculas piraguas, sin avituallamiento, sin nada, arriesgando la muerte en su intento de llegar a Tahití, a más de cinco mil kilómetros?

¿Y por qué arriesgan la muerte así?

Sé sus nombres.

¿Qué ha sido de esos leprosos?

¿Qué ha sido de los otros?

En la tempestad que vuelve a arreciar, acechamos desde la isla el retorno de nuestro barco.

Esta noche, tarde en medio de la borrasca, nuestros amigos percibirán las primeras luces.

Desde hace días, inquietos, sin noticias, pensábamos en el mar.

Y esta noche, todos en la choza, escuchamos el canto de los Ancianos, ese canto de amor para aquel que jamás ha vuelto de la gran evasión, para aquel que la mar cegó mucho antes de que pudiese descubrir la aurora de Tahití.

CAPÍTULO XXII

EL ADIÓS AL SILENCIO

«Hay hombres que mueren como se quiebra el cristal de roca.»

(REMY DE GOURMONT)

Mañana reinará el gran silencio de las olas. Un solo deseo nos queda —sólo uno—, ir a llevar esa última esperanza al viejo Gabriel Veriveri.

Es extraño, pero ese día, nuestro amigo Rodríguez nos llevó a la leprosería y nos pareció bien.

Cuando entramos en la pocilga donde Gabriel va a morir, éste sabía ya que era el último viaje de la amistad, y nos pareció duro.

Mi mujer habló el lenguaje de las islas.

Yo escuchaba y no estaba solo.

Ella dijo:

—Gabriel, tenemos que irnos. *¡Maruru a Vau!* Por él, por mi marido, por todos, por todo lo que me has dicho, por lo mucho que te hemos querido.

Yo había visto... mucho.

Gabriel, jamás había visto antes de verte, cuando, inmóvil, erguido sobre tus muñones, con tus brazos vacilantes pegados al cuerpo, levantaste tu pobre semblante.

Gabriel, perdóname. Me he atrevido a llorar cuando tus pobres lágrimas se esfumaban en tus párpados sin músculos, pero bellos como los labios de mi hijo cuando duerme.

Lo que has dicho a mi mujer... no lo he comprendido todo, mi amigo chileno tampoco, y mi mujer jamás me lo dirá.

Pero tuve miedo. Padecí y me avergoncé.

Gabriel, era terrible.

Por desgracia, he visto morir a muchos hombres cerca de mí y jamás tuve miedo.

Gabriel, me has herido más gravemente que aquella bala que no recibí a los veinte años.

¡Veriveri, qué bonito nombre tendrás!

Este libro que nunca conocerás, te lo leo, te lo doy, te lo transmito, para que sepas que nosotros, los blancos, aún vivimos.

Tal vez con mi amigo chileno comprenderemos todas las lenguas.

Gabriel, puesto que no podemos estrechar ya tus manos ausentes, déjanos rodear tu rostro que ha recibido la lepra de los otros.

Es hora de irse, Gabriel; descansa sobre tus muslos.

Es hora, pues ya no es posible saberte inmóvil como los pobres de las guerras.

Al unirte con nosotros en esta isla, Gabriel, sabemos que has arrancado las fronteras y que este libro no es ya más que esa eterna carta de amor que mi mujer te envía desde el porvenir.

Gabriel, tendrás la suerte de morir, sin poder escribir, pues yo deberé vivir.

Gabriel Veriveri, no puedo darte las gracias, ya no sé darlas, y esto no existe en vuestra lengua.

Permite que te diga a Dios.

Volvámonos juntos.
Apartémonos juntos...
Es la hora de los grandes vacíos.

Se acabó.

Mañana, a las dos de la tarde partida.

Mañana, a las nueve, registro de equipajes por el gobernador, solo, pero varios chilenos y doscientos pascuanos le contemplarán.

Mañana, a las diez, mi amigo Montero me ayudará a bajar nuestros heteróclitos equipajes.

Mañana, a mediodía, comeremos los restos de ese yantar que duró meses.

Mañana, tendremos que decirnos lo imposible..., poner la cara estúpida de esos amantes desilusionados por el matrimonio de los demás.

Y es hoy.

Impasible, el gobernador nos saluda.

Inquieto, el gentío nos mira.

Sonría, señor gobernador de la isla de Pascua, pues acaso nos acongojaremos, y usted jamás sabrá lo que esto quiere decir en francés.

La última embarcación.

Los compañeros, aquellos cuyo nombre no he querido mencionar en este libro, porque deberán seguir viviendo en esta isla.

El ancla que asciende... trabajosamente.

La pesadumbre.

El motor que gira.

¡Todo el velamen!

Se acabó.

Cae la noche, y la isla se abisma en el gris de la mar.

Y es espantoso, tras aquel asombro.

Veintiocho días de mar.

2.800 millas para llegar a Tahití, que amamos y que muere como el amor.

Pero sé que allá, al pie del Rano-Raraku, las estatuas cuyos ojos miran a las estrellas y cuya boca se crispa, no volverán a hablar nunca jamás, porque Tú, Gabriel Veriveri, has muerto de nuestra última llamada, que no era más que la llamada de la bruma, como tus ojos.

Francis MAZIÈRE

«*Calédonien*», mayo de 1965.
París, julio y agosto de 1965.

INFORMACIONES SOBRE LA ISLA DE PASCUA

Situada a 27° 8′ 24″ de latitud Sur y 110° 45′ 50″ de longitud Este, dista 2.700 millas de Tahití y 2.600 millas de Valparaíso. Al Nordeste, el archipiélago de las Galápagos, a unas 2.000 millas. Al Sur, el Antártico. Su superficie es de 118 kilómetros cuadrados. De forma triangular, sus tres lados tienen, respectivamente, 16, 18 y 24 kilómetros.

Aunque sometida a los vientos procedentes del Antártico, su clima es templado.

La estación seca se extiende de diciembre a fines de mayo, y la lluviosa y fría de junio a noviembre.

La isla es enteramente volcánica y se advierten en ella importantes variaciones magnéticas.

La isla no posee ningún puerto y los anclajes son todos peligrosos.

En 1964 solamente existía un pequeño aeródromo de tierra apisonada, inservible para los aviones transoceánicos.

Cuenta con un pequeño hospital y una emisora de radio.

FIN

ÍNDICE

ULTIMOS TITULOS PUBLICADOS EN ESTA COLECCION

AVENIDA DEL PARQUE, 79

por

HAROLD ROBBINS

Avenida del Parque, 79, era la dirección de una agencia de modelos muy especial. Para cubrir las apariencias, los jefes enviaban de vez en cuando a una chica para realizar un trabajo normal... Pero el verdadero negocio llegaba a través del teléfono privado. Los clientes pagaban bien: hasta mil dólares por noche. Y..., ¿por qué no? A cualquier hora de la noche se podía llamar solicitando a una chica. Y el servicio tenía fama de ser el mejor que se podía prestar en la ciudad.

LAS CORRUPCIONES

por

JESÚS TORBADO

Las corrupciones cuenta la historia de una orfandad: la de millares de jóvenes españoles nacidos después de la guerra. ¿Qué ha ocurrido con esa generación —la del autor— que ni siquiera oyó el ruido de la tormenta, pero que ha sido condenada a sufrir las consecuencias? *Las corrupciones* dan una respuesta violenta y desesperada. Con esta obra, Jesús Torbado pasó del anonimato literario a convertirse en una de las figuras jóvenes más importantes de la novelística contemporánea. Fue «Premio Alfaguara» 1965.

LOS ASESINOS

por

ELIA KAZAN

Ésta es una de las mejores obras escritas por el autor de *América, América*. En ella, Elia Kazan trata, en efecto, de dos asesinatos: uno que se produce al principio de la obra, y el otro, al final de la misma. Pero, en el fondo, el autor no centra el tema en dos asesinos, sino en una forma de vivir asesina: la nuestra, la de hoy, que nosotros mismos hemos llenado de violencias, presiones y angustias, las cuales acaban por destruirnos. John Steinbeck afirmó de esta obra: «Sin duda devolverá a la novela algo de su dignidad.»

EL EROTIKÓN

por

LEÓN-IGNACIO

En esta compilación de los más sugestivos relatos galantes y amorosos, León-Ignacio ha reunido a los más representativos autores de este tipo de literatura, como Aretino, Longo, Chaucer, etc., con el propósito no de convertir la antología en un libro torturado por las exigencias de la carne ni las angustias de la pasión, sino de provocar la sonrisa (que constituye quizás el más alto signo de la inteligencia) y descubrir cómo entendían en cada época el problema más íntimo del hombre, problema que es, a la vez, uno de los más perentorios y urgentes.

HIJOS DE TORREMOLINOS

por

JAMES A. MICHENER

El azar reúne a seis jóvenes en la cosmopolita ciudad española turística de Torremolinos. Allí comienza una serie de extraordinarias aventuras a través de España, Portugal, Mozambique y Marruecos. Los componentes del grupo rechazan las normas de vida y los valores del pasado y se ven empujados al excéntrico mundo de los expatriados y vagabundos, de la droga y de la música rock. Posteriormente se incorporan al grupo Mr. Fairbanks (sexagenario) y Harvey Holt (de cuarenta y cuatro años), con lo cual los protagonistas, de tres generaciones, encuentran dificultades de comunicación generacional.

LOS ARGONAUTAS

por

BALTASAR PORCEL

«Los argonautas» es una de las novelas más importantes de Baltasar Porcel («Premio Ciudad de Palma» en 1960, «Premio de la Crítica» en 1967 y 1970, y «Premio Josep Pla» en 1970). Constituye un raro ejemplo de libro de aventuras en nuestro tiempo, en el que se combinan un exótico y arcaico sabor con un planeamiento rigurosamente contemporáneo. La lancha contrabandista «Botafoc», en su accidentado periplo de Gibraltar a Mallorca, es un mundo en el que se entremezclan la brutalidad y el lirismo, la sensualidad y la ironía, la tragedia y las ilusiones, descritos con un estilo jugoso y ameno.

EL ANGEL SOMBRIO

por

MIKA WALTARI

Los ejércitos del sultán Mohamed II amenazan Constantinopla. Ante el peligro, el cristiano emperador Constantino accede a la unión de las Iglesias griega y latina y la sumisión al Papa. Y en medio de tales acontecimientos y en tal ciudad, citado allí por el

Ángel Sombrío, que es su doble, aparece de pronto el misterioso aventurero Juan Angelos, quien ha abandonado familia, gloria y fortuna, para dedicarse nuevamente a la aventura. Y cuando las espadas de los verdugos del sultán cercenan cabezas, ¿vendrá de nuevo el Ángel Sombrío para una última cita en la eternidad?

EL JAPÓN Y SU DUENDE

por

JOSÉ M.ª GIRONELLA

Fruto de un viaje del autor en compañía del guitarrista Narciso Yepes, «El Japón y su duende» es un libro que destaca por su valor informativo. Gironella pone al día una serie de aspectos del Japón (idiosincrasia, costumbres, situación de la mujer y de la enseñanza, inquietudes de la juventud, cristianismo, etcétera), y, como siempre en sus obras, a través del dato exacto e incisivo, combinado con la poesía, sitúa al lector en condiciones de penetrar un poco en el enigma de aquellas islas extremo-orientales.

Nombre y apellidos: ....Edad: ....

Dirección postal: ....

Géneros preferidos: Novela psicológica, costumbrista
(subráyelos)
Literatura clásica
Literatura de evasión aventura, intriga, fantasía científica
Biografía
Historia
Religión, moral
Temas de actualidad política
Viajes
Divulgación científica, artística
Humor

Personas de mi círculo interesadas en la lectura:

Nombre y apellidos: .... Edad: ....

Dirección postal: ....

Nombre y apellidos: ....Edad: ....

Dirección postal: ....